Aprendizaje basado en movimiento

Aprendizaje basado en movimiento

Para niños de todas habilidades

Cecilia Koester

EL LIBRO MUERE CUANDO LO FOTOCOPIAN

Amigo lector:

La obra que tiene en sus manos es muy valiosa. Su autor vertió en ella conocimientos, experiencia y años de trabajo. El editor ha procurado una presentación digna de su contenido y pone su empeño y recursos para difundirla ampliamente, por medio de su red de comercialización.

Cuando usted fotocopia este libro o adquiere una copia "pirata" o fotocopia ilegal del mismo, el autor y editor no perciben lo que les permite recuperar la inversión que han realizado.

La reproducción no autorizada de obras protegidas por el derecho de autor desalienta la creatividad y limita la difusión de la cultura, además de ser un delito.

Si usted necesita un ejemplar del libro y no le es posible conseguirlo, escríbanos o llámenos. Lo atenderemos con gusto.

EDITORIAL PAX MÉXICO

Título original de la obra: *Movement Based Learning.*
Publicado por: Movement Based Learning, Inc.

COORDINACIÓN EDITORIAL: Matilde Schoenfeld
FOTOGRAFÍAS E ILUSTRACIONES: Tammie Stimfel y Ohno Design
TRADUCCIÓN: Ángeles Lafuente
REVISIÓN TÉCNICA: Ma. Enriqueta De la Torre Rio
PORTADA: Víctor M. Santos Gally
DIAGRAMACIÓN: Ediámac

Av. Cuauhtémoc 1430
Col. Santa Cruz Atoyac
México DF 03310
Tel. 5605 7677
Fax 5605 7600
www.editorialpax.com

Primera edición
ISBN 978-607-9346-18-8

Impreso en México / Printed in Mexico

Este libro está dedicado a mi profesora de quinto grado,

Hermana Pauline Petruzzela

y

a la amorosa memoria de un muy, muy querido amigo,

John D. Mildrew

ya que ambos me inspiraron a explorar la enseñanza

Índice

Agradecimientos

Estoy profundamente agradecida a Paul y Gail Dennison por alentarme a escribir mi primer libro, con Gail Dennison. El infinito y amoroso apoyo de Gail, así como sus importantes contribuciones a "I Am The Child", siguen siendo algo muy querido en mi corazón. Además, estuvieron presentes para escuchar las historias de los estudiantes con necesidades especiales y ofrecer sugerencias de actividades de Gimnasia para el cerebro (Brain Gym®), mientras yo empezaba a desarrollar el uso de Gimnasia para el cerebro (Brain Gym®) con niños con necesidades especiales.

También extiendo mi gratitud a Carol Ann Erickson por su invaluable contribución a mi crecimiento profesional. Carol Ann me enseñó, de formas elocuentes y extraordinarias, el proceso de transición respecto de los patrones de movimiento durante el desarrollo de la infancia. Su apoyo y estímulo infinitos me hicieron capaz de realizar mi sueño de compartir mis dones.

Reconozco y aprecio a Bonnnie Bainbridge Cohen por su trabajo en el desarrollo del movimiento y a Sally Goddard por su exploración y conocimiento de los primeros reflejos y sus implicaciones en nuestra vida diaria. También agradezco a Judith Bluestone por su excepcional trabajo con niños y adultos con problemas neurológicos. Doy un especial agradecimiento a Renata Wennekes y Svetlana Masgutova por crear y expandir su trabajo en la kinesiología del desarrollo.

Un sincero y profundo agradecimiento se extiende a los niños de todas las habilidades, y a sus padres y terapeutas, que han alentado mi exploración…

Bill Hubert, creador de Bal-A-Vis-X, ha sido una fuente inagotable de aliento y de continuo desarrollo profesional. Moira Dempsey, quien profundizó el trabajo de Harald Blomberg (Rhythmic Movement Training, continúa siendo un espacio que me invita al desarrollo personal a niveles profundos de comprensión.

Además, mi especial agradecimiento a Kari Swanson Coady y Candi Cosgrove, quienes contribuyeron con información gráfica. La sabiduría profesional de Candi Cosgrove continúa dando profundidad a mi trabajo con pasión y mayor comprensión. También expreso mi más profunda gratitud a Michael Robb y Tammie Stimpfel por su generosidad y alto nivel en destrezas, habilidades y capacidades al completar las fotografías de este libro. Los conceptos y actividades de fuentes diversas constituyen la columna vertebral del libro. Sin embargo, la síntesis e interpretación final es mía.

Finalmente, mi sincero, profundo agradecimiento a los niños de todas las capacidades, y a sus padres y terapeutas, que me alentaron en mi exploración del aprendizaje basado en movimiento, para que todos nosotros podamos alcanzar nuestro más alto potencial.

Introducción

Este libro ofrece una profunda mirada a algunos patrones de movimiento relativos al desarrollo, con énfasis en cómo usar el programa de aprendizaje basado en movimiento con niños de todas las habilidades. Este es un libro autónomo, por lo que recomiendo ampliamente que asistas a un curso que coincida con él para que puedas aprender de primera mano la experiencia de ayudar niños de todas las habilidades. (Visita www.movementbasedlearning.com). El propósito de este libro es ofrecerte algunas técnicas efectivas que te ayudarán a dar realce a lo que haces actualmente. Los movimientos simples que presento integran de una manera más efectiva el sistema neurológico, cuando se usan durante el día, de forma constante, más que cuando se dedica un tiempo especial para ello. La práctica regular promoverá la alegría y facilitará alcanzar las habilidades básicas, tales como caminar, hablar o simplemente permanecer haciendo una tarea.

Las valoraciones técnicas, así como las sugerencias de cómo desarrollar, evaluar y modificar programas que usan aprendizaje basado en movimiento ofrecerá a los niños, a través de la interacción con los adultos, una manera más fácil de conectarse o reconectarse con su verdadero potencial. Aunque no podemos evaluar con total certeza qué tanto un individuo es capaz de ser o hacer, el regalo más precioso que podemos ofrecer es un espacio para crecer. Presento métodos y técnicas para crear este espacio y analizo lo que realmente significa a lo largo del libro.

Experimentamos y apreciamos la verdadera libertad sólo dentro de un contexto estructurado. Este entendimiento nos permite proveer un espacio para el despertar de los niños, quizás por primera vez, a un mayor potencial. Cada niño, especialmente uno con capacidades especiales, merece enfrentar desafíos. Con gran creatividad, persistencia, paciencia y buena voluntad para notar las pequeñas mejorías, nosotros como adultos en el mundo de los niños, podemos crear este espacio para el verdadero aprendizaje. Es asombroso ver a un niño que sólo usaba seis palabras comenzar a usar un lenguaje espontáneo; ver a un niño en silla de ruedas, con poca conciencia de su ambiente, desplegar y soportar su peso en los pies; ver a un niño que estaba completamente encerrado en sí mismo comenzar a jugar con otros a su alrededor; ver que un niño muy agitado se vuelve más calmado, alegre y presente. Este es uno de los más dulces milagros de la vida.

Mi meta es enseñar cómo usar estas actividades de movimiento dirigidas, dentro de una estructura en la que los niños de todas las capacidades puedan crecer y aprender. A medida que apliques el contenido, descubrirás maravillosos despertares, dentro de ti y en los demás, así trabajes con los niños que se educan en casa, en el aula o en un grupo de terapia individual o grupal.

CECILIA KOESTER

Prefacio

Mozart no descubrió la sinfonía. La Madre Teresa no fue la primera persona que dedicó su vida al servicio. Michael Jordan no inventó el basquetbol. Cada uno de ellos tomó lo que había en su mundo y de alguna manera, por una síntesis singular de qué era, qué es y qué puede ser, crearon tanto una nueva forma como un estándar de excelencia.

En el mundo de conocer y enseñar al niño con necesidades especiales, Cecilia Koester es una innovadora.

Por supuesto que no está sola en la búsqueda por entender por qué en tantos casos, especialmente niños con necesidades especiales, el aprendizaje no llega fácilmente, o qué hacer al respecto. Por generaciones, dedicados educadores han buscado respuestas y han hecho lo mejor posible con lo que sabían.

La generación actual continúa esta investigación, tomando de y construyendo sobre las experiencias colectivas y los descubrimientos del pasado. Cualquier persona seria sobre el tema, reconoce personalidades y organizaciones pioneras, como Dennison, Jenson, Erickson, Pierce, Goddard, Hannaford, Masgutova, Programación Neurolinguística, HANDLE Institute, Gimnasia para el cerebro (Brain Gym®), y muchos otros.

Ceciila está consciente de esto. Ella aprendió de todos ellos.

¿Qué la hace especial? ¿Qué hace su acercamiento distinto al de otros? Lo mejor que puedo hacer es repetirme: de alguna manera, por una síntesis singular de qué era, qué es y qué puede ser, Cecilia creó una nueva forma. Quizás el secreto radica en su insistencia de convertirse en el niño:

"...imito su forma particular de caminar, sus sonidos vocales y sus intentos de verbalizaciones, o el movimiento constante, agitado e involuntario de su cuerpo. Deduzco información de cómo cada niño siente estos comportamientos –de cómo son percibidos dentro de su propio cuerpo–. Esta imitación de comportamientos específicos puede ofrecer importantes percepciones, así como un respeto profundo de los desafíos diarios que cada niño tiene que enfrentar".

Posiblemente este es el ingrediente que transforma su mezcla de otros acercamientos en algo nuevo, algo ciertamente único. No puedo asegurarlo. Posiblemente ella tampoco. Frecuentemente esto sucede con la gente extraordinaria. Pero nuestra incapacidad para explicar a Mozart de ninguna manera disminuye el hecho de que lo reconocemos cuando lo oímos.

La música de Mozart, el camino de la Madre Teresa, el juego de Michael Jordan. Cada uno tomó lo que se había hecho antes y fue más allá.

Este libro te introduce al "toque" de Cecilia.

En el campo de los niños con necesidades especiales, Cecilia Koester se dirige allá. Estás invitado.

BILL HUBERT
Wichita, Kansas, Estados Unidos

Capítulo uno

¿Qué hago con un niño que...?

"Te llevo más lejos de lo que jamás irías
por ti mismo, trabajando duro,
buscando respuestas a tus múltiples
preguntas, creando preguntas sin respuestas."

Yo soy el niño. AUTOR ANÓNIMO

¿Qué hago con un niño que…?

Muchas veces me han preguntado "¿qué hago con un niño que… no camina, no habla, tiene dificultades con sus actividades diarias o con un niño que no está calificado para una educación especial, pero que obviamente no está alcanzando su máximo potencial?" La respuesta está dentro de ese niño. Sin embargo, ¿cómo nosotros, como adultos en el mundo de ese niño, encontramos la estructura que lo hará abordar su único y propio proceso de aprendizaje? La intención de crear un tipo de ambiente suave y abierto en el que el niño pueda aprender a aprender, es probablemente el ingrediente más importante para invitarlo a encontrar a sus propios recursos internos para lograr ciertas tareas y, a su vez, abrir su corazón a nuevos aprendizajes, nuevas personas, nuevos lugares y nuevas cosas. Cuando mantenemos una observación cuidadosa, sin juzgar, de los procesos de un niño, probablemente estamos ofreciéndo a ese niño el componente más importante para ayudarle a aceptar su propia y única manera de aprender.

La siguiente exposición pretende profundizar nuestra comprensión de las maneras en las que nosotros, como los adultos en el mundo de un niño, podemos establecer un ambiente seguro que promueva el crecimiento y el aprendizaje.[1]

Estructura

En el proceso de aprender y crecer, los niños buscan continuamente formas de estructurar su experiencia. Un niño con necesidades especiales, que carece de la estructura interna, basada en el cuerpo, alrededor de la cual un niño promedio organiza su información externa, necesita un ambiente donde la estructura sea clara, consistente y evidente. La creación de estructura y rutina es una manera de crear límites físicos y temporales,

Los niños necesitan una **estructura** con límites físicos claros y temporales.

[1] Koester, (Freeman), Cecilia y Gail Denninson. *I Am the Child. Using Brain Gym with Children Who Have Special Needs.* Reno, NV: Movement Based Learning Inc, 1998, 2010.

y ayuda a los niños con necesidades especiales a experimentar paciencia, orden y disciplina intrínseca. Aunque un niño sólo sienta vagamente esta estructura inherente, la libertad de aprender y crecer resultante continúa expandiéndose hacia logros maravillosos.

Seguridad física

Todos necesitamos sentirnos físicamente seguros si vamos a adquirir la consciencia de nuestros sentimientos, sensaciones y pensamientos. Esta seguridad es prerrequisito para aprender. La seguridad se experimenta primero en el nivel primario del cuerpo. Un niño necesita sentirse lo suficientemente seguro para relajarse, descansar y llegar a sentir curiosidad sobre su propio cuerpo y el mundo a su alrededor. Una forma de crear seguridad es atraer la atención del niño en forma individual. Fomento su curiosidad por el mundo único en el que cada uno vive –aunque ese mundo esté lleno de luchas personales, confinamiento en silla de ruedas o falta de habilidad para controlar sus músculos–. Quiero ayudar a cada niño a experimentar un sentido de sí mismo y a encontrar solaz y ligereza dentro de sí mismo.

Cuando quiero tener una experiencia personal de las luchas individuales de un niño y de lo que puede ayudarle a sentirse seguro, imito su forma particular de caminar, sus sonidos vocales y sus intentos de verbalizaciones o el movimiento constante, agitado e involuntario de su cuerpo.

Deduzco información de cómo cada niño siente estos comportamientos –de cómo los percibe dentro de su propio cuerpo–. Esta imitación de comportamientos específicos puede ofrecer importantes percepciones, así como un respeto profundo de los desafíos diarios que cada niño tiene que enfrentar. Cuando se lleva a cabo con una conciencia respetuosa, la imitación también nos puede sintonizar con cambios sutiles. Busco en el niño un mayor lapso de atención, mayor facilidad de movimiento, mejor coordinación visual o motora, cualquier aumento en la expresividad o habilidad para permanecer más tiempo en una tarea. Investigaciones de la Universidad de California, en San Diego,

La necesidad de **seguridad física** debe satisfacerse antes de que el niño pueda intentar aprender.

afirman que los neuronas espejo[2,3] recién descubiertas son el circuito del cerebro que permite a las personas percibir y comprender las acciones de otros. Por lo tanto, es a través de la imitación de comportamientos específicos que he podido reunir percepciones más profundas de los desafíos de mis clientes-estudiantes.

Respeto por los límites y el espacio personal

¿Qué es un límite o un espacio personal? Estas palabras se pronuncian fácilmente en relación con nosotros o los demás, pero ¿qué significan en la "vida real"? He descubierto que un límite es el respeto o aceptación de mis propias habilidades no desarrolladas. Al determinar cuál es la limitación o espacio personal de alguien más, me hago esta pregunta: "¿Dónde me siento más seguro y confortable? Y cuando me ocupo de mí misma en esta forma, surge en mí un espacio de claridad. Esta claridad me permite estar más presente con el niño con el que estoy trabajando. Entonces tengo la presencia de mente y corazón necesarios para sacar, de una forma cariñosa, en la que doy apoyo, la siguiente pieza de aprendizaje para el niño. Dicho simplemente, cuando me siento confortable con mis propios límites y espacio personal, el niño fluye naturalmente hacia su propio espacio confortable.

Un **límite** es el respeto o la aceptación de las propias habilidades no desarrolladas

Bloques que construyen la estructura interna

Aprender puede ser un proceso alegre, libre de estrés, en el que el avance diario, frecuentemente sutil, sume cambios considerables en las habilidades totales de un niño. Una curiosidad natural, normal, es inherente a todos los seres humanos, tanto si son niños con retos múltiples o si

---

[2] Rizzolati, G. y L. Craighero (2004). "The Mirror Neuro System", *Annual Reviewin Neuroscience* 27: 169-192.

[3] Ramachadran, V.S."Mirrors, Neurons and Imitation Learning as the Driving Force behind 'The Great Leap Forward' In Human Evolution", Third Edge. Vea www.edge.org/conversation/mirrornerons-and-imitation-learning-as-the-driving-force-behind--the-great-leap-forward-in-human-evolution

tienen desarrollo normal, como si presentan dificultades en el aula o en la educación en casa. Aún así puede surgir la pregunta: "¿Por dónde comienzo? ¡Las necesidades de este niño son tan multifacéticas que no sé por dónde empezar!"

Un buen comienzo es observar las necesidades moto-sensoriales particulares del niño en términos de las etapas específicas de su desarrollo. El descubrimiento de neuronas multisensoriales representa una nueva visión de cómo el cerebro está organizado en realidad. Además, el neurocientífico Charles Krebs establece que una integración deficiente de estas neuronas multisensoriales, de hecho puede ser la base de muchos de los desafíos de integración multisensorial que niños-adultos experimentan actualmente.[4] Se cree que construimos experiencias sensoriales más complejas y completas a partir de nuestra experiencia sensorial inicial. Por lo tanto, un niño que funciona normalmente –es decir, se desarrolla a través de estas experiencias sensoriales, progresa a través de reflejos primitivos y posturales y, subsecuentemente, reúne información acerca del mundo–, comienza a hacer conexiones con su propia habilidad de moverse y funcionar. No obstante, si hay una interrupción en el desarrollo normal y después los reflejos y experiencias sensoriales no son capaces de crear una secuencia o estructura útil para organizar un nuevo aprendizaje, una instrucción específica –a través del movimiento– puede mejorar la construcción de estas experiencias neuronales fundamentales.

Primero, es necesario reunir información sobre reflejos y patrones de movimientos a través de observar el tono muscular, la coordinación, la retroalimentación sensorial, escuchar la voz del niño, o evaluar su habilidad física de visión. Después, hay que moverse a los pasos que ocurren de una manera natural, presentados como "Actividades para los bloques

---

[4] Krebs, Charles (2010). "The Multisensory Neurons", notas tomadas de la presentación del célebre neurocientífico en una conferencia ofrecida por la Brain Gym©International Foundation. Durante esta presentación el Dr. Krebs señaló que grandes regiones de cada corteza sensorial están dedicadas a procesar información de un solo sentido. Sin embargo, en las zonas fronterizas entre estas zonas, cerca del 10% de las neuronas recibe información de dos sentidos. Por ejemplo, 10% de las neuronas auditivas también procesan información visual; 10% de las neuronas somato sensoriales también procesan información visual; 10% de las neuronas visuales también reciben información auditiva; 10% de las neuronas visuales, en otra área de la corteza visual, también reciben información somato sensorial. El descubrimiento de lo multisensorial representa una nueva visión de la organización del cerebro.

que construyen la estructura interna" en el capítulo cuatro. Estas actividades son más efectivas si se integran justo antes de desarrollar las habilidades de caminar, hablar, permanecer en una tarea, etc., ya que integran la base neurológica necesaria para alcanzar dichas habilidades. Las páginas siguientes (pp. 29-50) ofrecen instrucciones específicas que pueden comenzar a construir la clase de integración que un niño necesita en este nivel de desarrollo. Cuando la estructura neurológica del niño tiene un apoyo sólido con estos bloques que construyen la estructura interna, el aprendizaje se vuelve natural y divertido.

Los bloques que construyen la estructura interna son la base de todo aprendizaje. En ellos comenzamos a descubrir cómo aprende el niño de forma más natural.

Invitar al niño a participar

Todos los niños nacen con ciertas destrezas y habilidades innatas. Un niño con necesidades especiales, quizás por el retraso de su desarrollo o por daño cerebral, tiene que compensar muy pronto en sus experiencias de vida para lograr las actividades básicas. Algunos niños necesitan ayuda para despertar patrones de reflejos primitivos en su sistema nervioso. Los reflejos son el trampolín para el desarrollo de patrones de movimiento.

Todo movimiento del cuerpo humano se desarrolla desde el centro hacia las extremidades superiores e inferiores y de la cabeza hacia el coxis. Cada patrón se relaciona con el desarrollo del cerebro y su funcionamiento, y los apoya. Como los reflejos disparan los patrones de movimiento en el niño integrado, lo vemos construir una sólida base para el movimiento futuro. Pero ¿qué sucede con el niño con necesidades especiales? En un niño o un bebé que no es capaz de hacer las conexiones neurológicas que deberían ocurrir de manera natural, ¿cómo creamos este sentido de coherencia? Una forma de hacerlo es mediante de las actividades de movimiento presentadas en este libro. A través de experimentar estos "movimientos inteligentes", el niño con necesidades especiales logrará un sentido de organización e integración dentro de su propio sistema, creando, de este modo, una base estable para el desarrollo de los patrones de movimiento.

Estar presente con el niño lo invita a ver o explorar más allá de lo que le es familiar.

Mientras observo y escucho a un niño, estoy atenta al aprendizaje que está esperando para emerger. Algunas veces el niño "está por todas partes", incapaz de atender a una tarea por más de dos minutos, o ni siquiera por dos segundos. También puedo notar tensión en el cuerpo del niño, lo que quizás es indicativo de su incapacidad para callarse o calmarse a sí mismo. La gente se pregunta con frecuencia: "¿Qué hago con esta clase de comportamiento?

Algunos niños pueden sentarse pasivamente en sus propias zonas de confort, procurando no interactuar con el mundo exterior. Parece que aceptan su situación o tienen tantos retos múltiples que muestran poca motivación sobre cualquier posibilidad nueva. Una pregunta que puede surgir es si el niño está atento a las señales sensoriales.[5] Algunas veces puede parecer que un niño tiene muy pocas destrezas cuando es evaluado por un ojo inexperto. Al observar o evaluar los niveles de funcionamiento actuales, tengo que estar presente con el niño.

Mi habilidad para estar presente invita al niño a mirar o explorar más allá de lo que le es familiar. Me pregunto cómo debo asistir al niño en descubrir cómo contener su propia energía o cómo debo enseñarle límites personales. También puedo preguntarme qué clase de aventuras pueden cambiar el matiz de pasividad en la experiencia del niño y pasar de una experiencia de aislamiento a una de exploración y participación. Mi meta siempre es una mejora significativa y, aunque la ganancia parezca muy pequeña, sé que la calidad de vida del niño ha cambiado para mejorar. Lo escucho atentamente como si fuera un niño pequeño o quizás un niño hablándome en una lengua extranjera, usando sonidos no familiares, gestos, lenguaje corporal y expresiones faciales. Aprendo su lenguaje y, de esta forma, le pregunto cuáles son sus necesidades. Encuentro que mientras estoy dispuesto a "estar en el proceso" con un niño, también aprendo a escuchar mis propias necesidades. Esta clase de interacción se vuelve inherente en nuestra relación e invita al niño a participar más en su propio aprendizaje.

Celebrar el progreso

Para honrar el tremendo esfuerzo de un niño, creo que es muy importante hacer una pausa, prestar atención al progreso y celebrar cada pequeño aprendizaje. La celebración toma la forma de un abrazo o una sonrisa, un *sticker*

Es muy importante hacer una pausa y **celebrar** cada pequeño aprendizaje.

[5] Koester, Cecilia (basado en experiencias de observación clínica, de 1998 al presente). Si un estímulo demasiado pequeño es transportado al neocortex vía el sistema de activación reticular (SAR o *RAS reticular activation system*), el niño a menudo se vuelve lento o desatento a las señales sensoriales

o una conversación acerca de los logros. Hasta un niño que aparentemente no es consciente de su ambiente, con frecuencia parece absorber los sentimientos de otro, como un infante siente los sentimientos de los que lo rodean. El reforzamiento positivo es una dinámica poderosa. Las celebraciones honran el nuevo aprendizaje y es un gozo compartir los logros de un niño.

◇◇◇◇◇◇◇◇◇◇◇◇◇◇◇◇◇◇◇◇

No estoy exagerando cuando digo que esta dedicada maestra ha cambiado nuestras vidas en la forma más positiva posible. Nos ha dado esperanza.

—Madre de un niño con necesidades especiales

◇◇◇◇◇◇◇◇◇◇◇◇◇◇◇◇◇◇◇◇

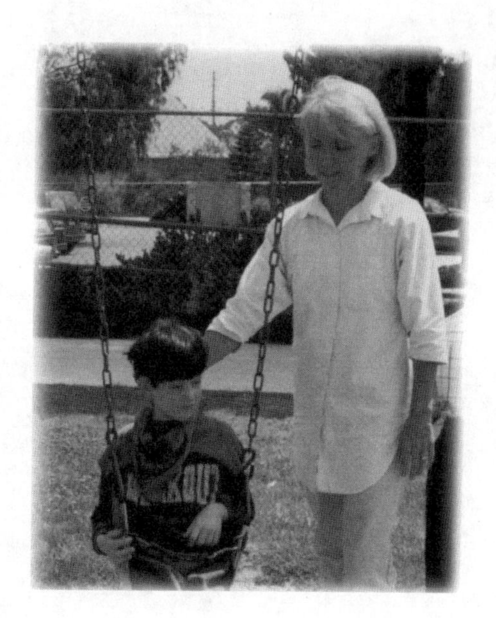

Capítulo dos

Niños, padres, terapeutas, maestros trabajando conjuntamente

"La educación es el encendido de una llama, no el llenado de una vasija"

SÓCRATES

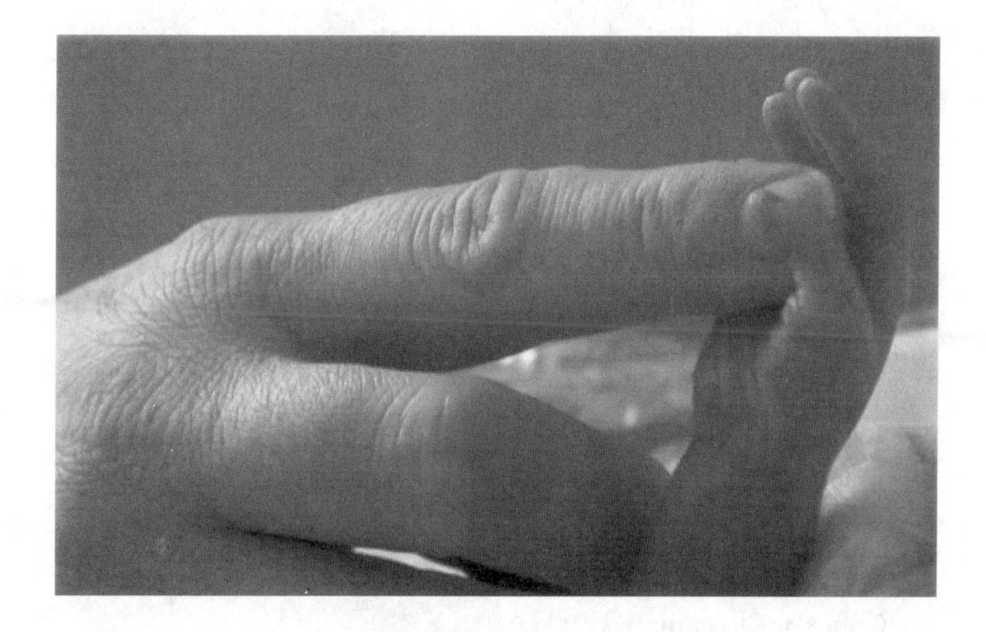

Trabajar conjuntamente

Muchas de las preguntas que surgen a lo largo de las conversaciones con padres, maestros y terapeutas que han trabajado con niños, se centran alrededor de preocupaciones acerca de la interacción y las relaciones. El tono y el vocabulario de la pregunta puede variar, pero el amor y el interés en el bienestar del niño siempre son evidentes. El siguiente resumen puede ser una luz dentro del mundo de nuestras preocupaciones.

Preguntas que todos formulamos

- ¿Cómo puedo ayudar al niño para que aprenda a contener su exceso o dispersión de energía?
- ¿Cómo puedo proporcionar un respiro en dificultades personales como la ceguera, estar en una silla de ruedas, incapacidad de controlar los movimientos motrices o incluso concentrarse en su tarea?
- ¿Cómo puedo auxiliar a un niño en el manejo de su experiencia de aprendizaje de manera que se sienta cómodo yendo más allá de sus límites?

- ¿Cómo puedo identificar los hábitos ineficaces del niño establecidos a partir de la necesidad de seguridad y supervivencia? ¿Cómo puedo sacar a la luz el deseo intrínseco en el niño de crecer de manera tal que se liberen estos hábitos compensatorios?
- ¿Cómo puedo identificar las necesidades clave para el desarrollo del niño?
- ¿Cómo puedo cumplir con la necesidad del niño de seguridad para arriesgarse a explorar

más allá de los meros reflejos de supervivencia, y así impulsarlo a alcanzar su potencial máximo?

- ¿Cómo puedo programar mi día, o sesión, con un niño para maximizar el tiempo que pasemos juntos?
- ¿Cómo puedo tomar cuidado de mí para acercarme al niño en un estado de equilibrio que ofrezca la sensación de estar centrado y concentrado? (Pregunto esto a sabiendas de que cuando estoy atenta a mis propias necesidades, la consecuencia será que puedo lograr una presencia más completa con cada niño).

Estas preguntas nos muestran un camino para hablar acerca del significado de estar presente ante un niño. En pocas palabras, pregunto al niño, los padres o el terapeuta: "¿Qué quieres para tu niño hoy y cómo puedo ayudar para hacerlo realidad?" El espacio que tengo es para que un niño se convierta en todo lo que es capaz de ser, centímetro a centímetro, momento a momento. Esto resulta cierto para un niño con múltiples retos, así como para uno con mayor capacidad física que podría estar experimentando dificultades en el aula o con la educación en casa. Siempre estoy pidiendo a los niños, los padres o el terapeuta que consideren la idea de que siempre es posible dar más –incluso si el niño no ha progresado como se esperaba, aún si toda la esperanza de avance parece haberse esfumado–. Este es el momento en que los padres y terapeutas pueden llegar a plantearme que sencillamente no saben qué hacer con un niño en particular. Los invito a abrirse al cambio, a estar alertas con el más pequeño síntoma de mejora y, con el niño, a experimentar y desarrollar una inteligencia que se mide de forma sutil. Muchas veces, cuando el niño tiene mayor capacidad física, tenemos para él mayores aspiraciones.

Entonces, cuando los comportamientos o el deseo de cooperación parecen desintegrarse, quedamos confundidos. Paciencia, persistencia y la convicción de que aprender es posible son algo a redescubrir dentro de nosotros cuando nos encontramos en una crisis emocional y caótica.

Una invitación a interactuar

Al invitar a un niño a madurar y aprender hasta alcanzar su máximo potencial, es muy importante que estemos atentos a lo que es posible y apropiado. Esta idea ha sido incorporada en todo este libro, y se presenta en forma específica en el capítulo cuatro, "Actividades de movimiento para mejorar el aprendizaje: bloques que construyen la estructura interna".

Este libro está dedicado al concepto de que si abordamos primero las necesidades de desarrollo, el crecimiento y el aprendizaje del niño se desenvolverán con fluidez. Tal vez necesitemos encontrar la estructura para el niño o el medio en que puede ocurrir, pero aún así puede suceder.

No se trata de un sistema de creencias. Esto es fe. La fe se basa en nuestra experiencia de que el objeto o persona o concepto en el que nos apoyamos para responder a una de nuestras preguntas, siempre estará ahí, sin importar cuánto tiempo nos lleve.

Al iniciar mi trabajo con un niño, evalúo su funcionamiento en relación con su desarrollo y edad cronológica. Debo entonces aceptar totalmente al niño y su comportamiento, sin importar cuál sea. El aprendizaje basado en movimiento comienza sin juicios y utiliza el nivel actual de funcionamiento del niño como el perfecto y único punto de partida para el descubrimiento de nuevas capacidades. La evaluación se basa en mi propia observación y en la información proporcionada por los padres, hermanos, terapeutas y cuidadores. Una vez que todos aceptan la invitación a crecer juntos con el niño, los adultos participan y contribuyen con discusiones y con la toma de conciencia de los movimientos básicos de desarrollo y algunas veces incluso de los reflejos primitivos que dan inicio a estos patrones de movimiento. Esto construye un puente conceptual hacia la experiencia física y sensorial. En consecuencia, nuestra habilidad para tratar, notar y comprender nuestra experiencia mejora y todos nos volvemos estudiantes más eficientes.

Todo este libro está dedicado al concepto de que si abordamos primero las necesidades de desarrollo, el crecimiento y el aprendizaje del niño se desenvolverán elocuentemente.

Evaluación: ¿Cómo apropiarnos de un nuevo aprendizaje y cómo validarlo?

Estructura/marco

Es de vital importancia ofrecer al niño con necesidades especiales una estructura que le permita retener el nuevo aprendizaje como un recurso permanente totalmente integrado.

Algunas ideas para reflexionar

- ¿Eres capaz de ver un cambio en el nivel de funcionamiento?
- ¿Eres capaz de ver un cambio en el bienestar mental y emocional?
- ¿Eres capaz de indicar al niño con claridad algunos de los cambios?
- ¿Tienes manera de celebrar o apreciar el éxito con el niño?
- ¿Tienes alguna forma de trasmitir los pasos del nuevo aprendizaje de manera que el niño continúe inspirado en aprender aunque no estés a su lado?

> Los capaces no son obvios. Aparentan ser ingenuos. Quienes saben esto conocen los patrones de lo absoluto. Conocer el patrón es el poder sutil. El poder sutil mueve todas las cosas y no tiene nombre.
>
> David Hawkins[6]

Experiencia/Solución

Noticing/Darse cuenta*

Todo niño y adulto desea estímulo y aprobación para estar al tanto y confiar en su propia capacidad para darse cuenta de las cosas. Esto conduce a la alegría de la exploración, a la emoción del descubrimiento y a la convicción de un nuevo aprendizaje. ¿Alguna vez has observado a un niño normal mientras juega? Pasa de un momento a otro con gran curiosidad, explorando y descubriendo la vida sin emitir juicios.

* N. de T.: *Noticing* es un término acuñado por la kineseología educativa cuya traducción más cercana es "darse cuenta". Este término se usa en los cursos de Brain Gym®

6 Hawkins, David. *Power Vs. Force: The Hidden Determinants of Human Behavior.* Carlsbad, CA: Hay House, Inc., 1995, 1998, 2002.

Experiencia/Solución

Mientras ahondemos en nuestras habilidades para darnos cuenta de las cosas, nosotros también podremos lograr ese estado sin juicios. Nuestro trabajo consiste en estar siempre presentes ante el niño, sin juzgar e incluso sin mostrar demasiado interés en por qué se puede estar dando un comportamiento particular o patrón de movimiento.[7]

Nuestra experiencia anterior y nuestra intuición son fuentes de conocimiento y enriquecimiento que necesitan permanecer en el fondo de nuestra conciencia. Cuando permanecemos en el "¿por qué?", estamos preocupados por los orígenes psicológicos o fisiológicos de una dificultad, en lugar de en el progreso hacia un nuevo desarrollo.[8] Porque la energía sigue a la intención, deseamos que nuestro enfoque principal esté en la solución, no en el problema. Darse cuenta, en lugar de pensar y analizar, nos ayuda a mantenernos en el presente, en alerta y listos para avanzar hacia el cambio y el crecimiento. ¿Cómo aprende a darse cuenta un niño con necesidades especiales? De la misma forma que todos lo hacemos: con experiencia, estímulo y aprobación.

Aplicación

¿Cómo nos damos cuenta?

En este caso, darse cuenta significa tener una respetuosa atención y consideración por el niño al que queremos ayudar. Organizamos nuestro trabajo, creamos un espacio para el crecimiento del niño, y nos damos cuenta, concientizamos, qué cosas se le están manifestando y cómo. Entonces comenzamos a tejer una estructura fundamental en sus patrones de movimiento, concientizando lo que ayuda, lo que no y cómo responde el niño mientras avanzamos. Este acercamiento con base en un ir dándose cuenta de las cosas sin juzgarlas, junto con la información de fondo de los padres o el terapeuta-profesor, resulta en una habilidad que también incluye confiar en la intuición, nuestra y del niño.

---

[7] Landreth, Garry. *Innovations in Play Therapy: Issues. Process, and Special Populations*. Nueva York, NY: Brunner-Routledge, 2001.

[8] Miller, Mary E, MSW, y Miller, John, MSW. It's All About relationships: On discerning and accepting your natural self. I Ching Systems, Duxbury, MA, 2001.

Preguntas

Preguntas

Preguntas a considerar acerca de darse cuenta:

¿Estoy afianzado en el presente?

- ¿Estoy en un estado mental libre de juicios?
- ¿Están mis habilidades y capacidades presentes en quien soy, de manera que pueda simultáneamente co-descubrir y/o co-crear la solución con el niño a quien estoy ayudando?
- ¿Tengo alguna forma de medir la efectividad de mi solución?

Conciencia/Detección

Darse cuenta es

Conciencia o percepción. ¿Qué estoy viendo en el sistema cuerpo-mente del niño? ¿Qué estoy escuchando? ¿Qué estoy sintiendo? ¿Qué estoy pensando? ¿Qué estoy detectando en mi cuerpo mientras observo y, quizás, hasta imito los sonidos, movimientos, etc., del niño? ¿Produce esta conciencia tensión, ansiedad o relajación?

Darse cuenta no es:

- Encontrar errores
- Expresar opiniones
- Comparar con otros
- Sacar conclusiones
- Evaluar
- Analizar
- Definir
- Etiquetar
- Hacer juicios
- Interpretar
- Inferir
- Resistir

En resumen, la comprensión-intención más importante a sostener al darse cuenta es "estar en la solución". Podríamos preguntarnos: "¿Qué creará un cambio (nuevo aprendizaje) en el nivel de funcionamiento del niño?". Es mejor vivir con la solución de que elevaremos el nivel de funcionamiento del niño que hacerlo en un marco de referencia psicológico, sintomatológico o diagnóstico. Vivir en la solución es hacerlo desde una base espiritual o fundamental que genera un espacio para el surgimiento de nuevas posibilidades.

Estableciendo metas y la importancia de la intención en el lenguaje

Elegir una meta apropiada y establecer una intención de éxito es una vía efectiva para impulsar el crecimiento y el aprendizaje en un niño. En cierto sentido, *la meta* "guiará" al sistema neurológico a enfocarse en algo. Las metas pueden a la vez recordarnos que el aprendizaje tiene componentes físicos y ayudarnos a aclarar nuestra intención.[9]

Como padres, profesores o terapeutas, ¿cómo podemos elegir una meta apropiada para un niño que no habla, no camina y tal vez ni siquiera puede llorar? Al querer utilizar el modelo educativo de "extraer" (la palabra latina "educere" se traduce literalmente como "extraer", "sacar") reunimos la información necesaria para establecer un objetivo a través de la observación-valoración o darse cuenta de las manifestaciones en la postura y el comportamiento.

También podemos establecer la posición, o interpretar un rol con el niño dentro de su nivel de funcionamiento.

> Cuando establecemos un foco de atención comenzamos a involucrar el sistema neurológico.
>
> Cecilia Koester (2004)

Ejemplos

- Disfrutar, sentarse solo y derecho.
- Darse cuenta del entorno.
- Interactuar con otros.
- Hablar con claridad.
- Andar en bicicleta.
- Escribir (o usar la cuchara) con facilidad.
- Disfrutar jugar con otros y ser un compañero de juegos agradable.

Algunas preguntas a considerar acerca de la meta:

- ¿Afirma el cambio para el crecimiento?
- ¿Usa movimientos o palabras en el presente?

---

[9] Erickson, Carol Ann. Exploration of Movement. Nueva Jersey: Manual de Curso por la Autora del Curso y Elaboradora de Cursos en Quinesiología Educativa, 1999.

- ¿Está planteada en términos comprensibles para un niño?
- ¿Inspira, energiza o motiva?
- ¿Cómo contribuye al panorama integral de la vida del niño?
- ¿Cómo vas a saber que el niño la ha alcanzado?
- ¿Cómo vas a mostrar al niño que ocurrió el nuevo aprendizaje?

Intención en el lenguaje

Al decir *lenguaje* nos referimos a la manera en que utilizamos símbolos, hablados o escritos, para comunicarnos. Hay muchos idiomas –inglés, español, chino y demás–, y muchas formas de lenguaje: hablado, escrito y con señas, más la notación musical, los símbolos matemáticos y otras formas especializadas.

El lenguaje es uno de los pilares de la inteligencia humana. Es la forma principal para formular pensamientos y comunicarlos a otros. Juega un importante papel en cómo analizamos el mundo, razonamos, resolvemos problemas y planeamos acciones. Nos permite compartir memorias del pasado y creencias acerca del futuro, involucrar a los demás en pensar acerca de eventos que aún no han ocurrido y expresar las relaciones que percibimos entre los sucesos. Sin el lenguaje, los descubrimientos de cada persona morirían con ella. El lenguaje hace posible la trasmisión de los logros de una persona al resto de la humanidad.

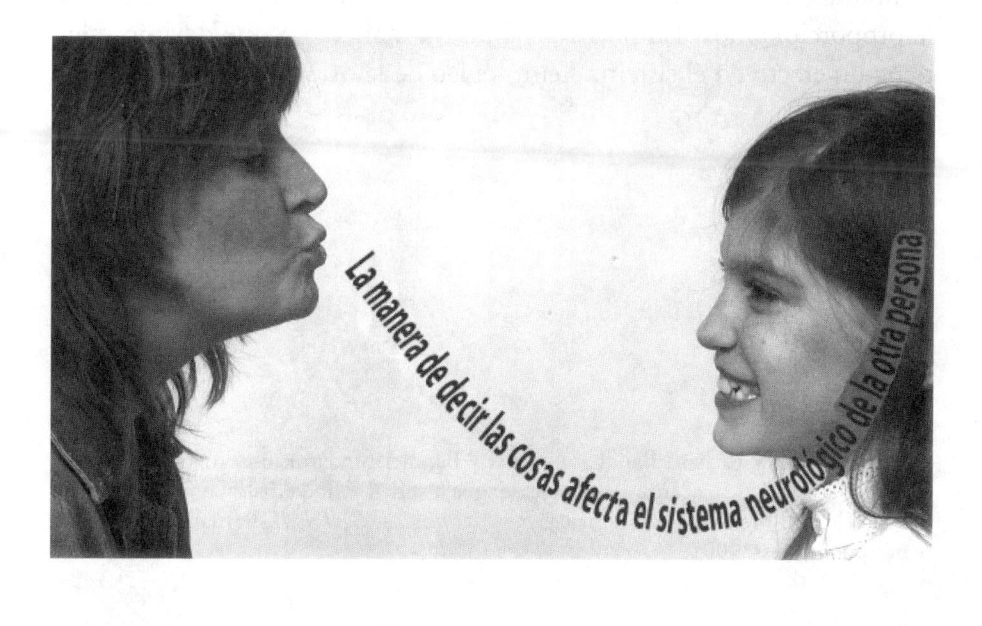

Los lingüistas modernos nos han enseñado que, en su esencia, el lenguaje es un código especial directamente relacionado con los significados en nuestras mentes. Este intrincado código nos da la habilidad para comunicarnos en formas muy eficaces. A veces aprendemos palabras o frases particulares en circunstancias estresantes y después continuan evocando ese estrés u otro comportamiento que fue aprendido en un estado de miedo, tensión o confusión. Cuando usamos habitualmente ese lenguaje cargado, incluso podemos sentir que describe con precisión nuestra experiencia presente.

John Grinder y Richard Bandler[10] fundaron un programa, Programación Neurolingüística, que promueve el conocimiento del contenido, tanto verbal como no verbal, de nuestro lenguaje. Han estudiado la mente, su red neuronal y cómo nuestro lenguaje se desplaza a lo largo y ancho de estas vías. El contenido o señal que comunicamos con nuestro lenguaje permite al niño con quien estamos trabajando convertir nuestra conversación en información útil. Sin embargo, el cerebro puede dirigir la señal, seguirla, cambiarla conforme a una experiencia anterior, o conectarla con alguna otra experiencia almacenada en nuestra mente para transformarla en patrones de pensamiento y comportamientos que reflejan nuestro pasado. Estas experiencias y sentimientos afectan la forma como un niño puede reaccionar al estímulo externo de nuestro lenguaje. Por lo tanto, nuestro lenguaje realmente puede potenciar o inhibir la habilidad del niño para escuchar y utilizar la información que le proporcionamos. En pocas palabras, la manera en que decimos algo tiene un efecto en el sistema neurológico de la otra persona.

---

[10] Grinder, John y Richard Bandler. Grinder y Bandler fundaron un programa que promueve la conciencia acerca del uso del lenguaje verbal y no verbal. Como libro introductorio vea: Marvell-Mell, Linnaea. *Basic techniques, Book I, II*. Portland, OR: Metamorphous Press, 2001.

Extracto de:

Fácil de amar, difícil de disciplinar: las siete habilidades básicas para transformar el conflicto en cooperación[11]
Por Becky A. Bailey.

"Adelante hay algunas frases que comúnmente son utilizadas por los padres que empoderan a sus hijos. Cada una envía el falso mensaje de que los hijos controlan a los padres:

- *"No me obligues a decírtelo de nuevo."*
- *"Me estás llevando al límite."*
- *"Mira cómo has hecho sufrir a tu madre (hermana, amiga)."*
- *"No me obligues a sacarte del juego."*
- *"Estás echando a perder esta comida."*
- *"No puedo creer por lo que me está haciendo pasar ese niño."*

La mayoría de nosotros crecimos escuchando estas aseveraciones y después de años con estos mensajes sentimos una abrumadora sensación de insatisfacción. Si controlábamos a nuestros padres, ¿por qué no podíamos hacerlos felices? ¿Por qué no podíamos lograr que se llevaran bien uno con otro? ¿Por qué no podíamos ser mejores y mejorar todo? Por supuesto, la razón era que nunca estuvimos realmente a cargo. Simplemente nuestros bien intencionados padres nos trasmitieron ese falso mensaje.

Antes de poder ofrecer opciones de empoderamiento a los niños, debes aprender primero a tomar decisiones por ti mismo."

Comparaciones palabra-frase

La siguiente es una lista de comparaciones de palabras fáciles de usar que han sido adaptadas por el trabajo de Dennison & Dennison sobre personalizar la integración del cerebro total.[12,13]

---

[11] Bailey, Becky. *Easy to Love, Difficult to Discipline: the Seven Basic Skills for Turning Conflict into Cooperation*. Nueva York, NY: Harper-Collins Publishers, Inc., 2000.

[12] Dennison, Paul y Gail Dennison. *Personalized Whole Brain Integration*. Ventura, CA: EduKinesthetics, Inc., 1985.

[13] Grinder, John y Richard Bandler. Para obtener mayor información acerca del programa neurolingüístico iniciado por Ginder y Bandler a mediados de la década de 1970, vea www.nlpcomprehensive.com.

Compara estas palabras y frases con las frases más pensadas del cerebro total a la derecha.

Palabras que desarmorizan del cerebro	**Palabras y frases que integran**
Trato	Hago lo más que puedo
Estirar	Alcanzar; alargar
Espero	Planeo; confío
Quiero	Lo haré; planeo
No puedo recordar, o lo olvidé	Me acordaré
Nunca puedo terminar	Todavía no termino
Renuncio	Me estoy dando un espacio; Estoy tomando un descanso
Tengo un problema	Estoy explorando posibilidades; Estoy viviendo una experiencia; Me estoy centrando en afrontar un reto
Odio	Prefiero… otra cosa
Tú nunca	Vamos a
Fracasé	Todavía no he triunfado
Lo siento	Perdón; Lo arreglaré; ¿cómo puedo ayudar?
Si	Cuando
Pero	Y; todavía
Debería	Debo; deseo; planeo
Estoy enfermo; me duele	Estoy experimentando (descripciones de sentimientos y/o sensaciones)

Capítulo tres

Dando sentido al aprendizaje basado en movimiento

Los reflejos son los trampolines para los patrones
de desarrollo motor. Es decir,
"cada esquema de movimiento tiene sus raíces
en reflejos básicos y está conectado
a otros esquemas de movimiento."

SVETLANA MASGUTOVA[14]

[14] Masgutova, Svetlana y Nelly Akhmatova. *Integration of Dynamic and Postural Reflexes Into the Whole Body Movement System: An Educational Kinesiology Approach*, Varsovia, Polonia: International NeuroKinesiology Institute, 2004.

Dando sentido al aprendizaje basado en movimiento

Nacemos con miles de millones de neuronas, las cuales forman una red de conexiones sinápticas mientras experimentamos el movimiento y la información sensorial. Al principio, la red de conexiones entre las neuronas es bastante espaciada. El reto en el desarrollo mental es crear el mayor número de conexiones posibles entre ellas. La formación de estas conexiones se lleva a cabo a través de las experiencias motoras y sensoriales del niño. La experiencia del movimiento y la maduración del cerebro es un proceso en donde el movimiento y los sentidos se estimulan recíprocamente. Cada movimiento individual en un niño y cada experiencia de ser movilizado (p.ej. cuando se le carga, cambian los pañales, da de comer, levanta, baña, etc.) se guarda en la mente como una sensación de movimiento. Mientras más se repite un movimiento, más crea éste una conexión certera en el cerebro.

Las estructuras básicas típicas de movimiento del ser humano están ancladas profundamente en el sistema nervioso central. Facilitan nuestra elección de actividades de apoyo y movimiento correctas. Es decir, el cerebro posibilita la habilidad de un niño para agarrar su pie y dar un paso al aprender a caminar. Estos patrones de movimiento dependen del estado de madurez del sistema nervioso central. Mientras más maduro es, más madura es también la calidad de la actividad motriz.

Nacemos con miles de millones de neuronas, las cuales forman una red de conexiones sinápticas mientras experimentamos el movimiento y la información sensorial. Esta es una representación de la densidad de esas conexiones, la cual se reduce significativamente después de los primeros años de vida.[15]

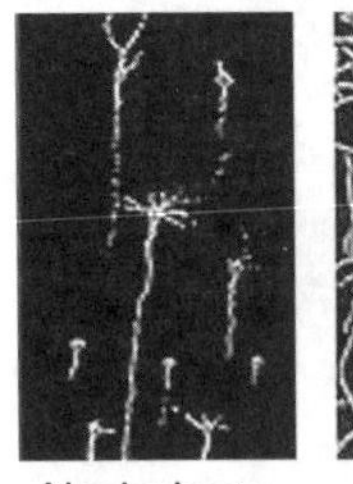

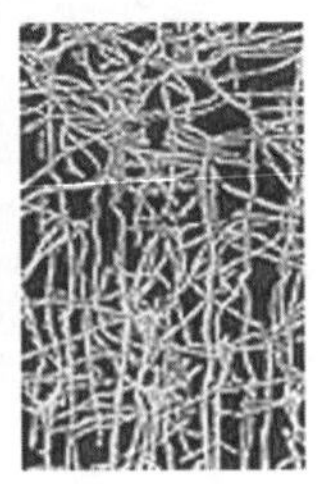

Nacimiento | 3 meses | 15 meses | 3 años

[15] Vea: info.med.yale.edu/chldstdy/plomdevelopment/june/html para saber más acerca del crecimiento de las conexiones neuronales en el cerebro.

Reflejos y patrones de desarrollo del movimiento

En una etapa motriz temprana, los movimientos son reflejos por naturaleza y por ello proceden en una forma completamente predecible. Los movimientos del recién nacido son más que nada reflejos no coordinados. En la medida que madura el sistema nervioso central, movimientos semiautomáticos van reemplazando la actividad refleja hasta que aparecen los movimientos coordinados controlados por la voluntad. Estos patrones motores básicos, que son el fundamento de habilidades posteriores, suelen adquirirse durante el primer año de vida.[16]

El crecimiento y el desarrollo tienen su propia agenda. En un niño con desarrollo normal, el cuerpo "avanzará" a un ritmo prediseñado. A lo largo de este camino, cada patrón de movimiento surge a su tiempo particular. Aquí es cuando el patrón se explora, practica e integra dentro del sistema motor del cuerpo. Al mismo tiempo, los patrones que ya se integraron juegan un rol de apoyo. Mientras cada patrón surge, los demás se revisan para generar una transición eficiente, proporcionar una base de apoyo más amplia y aumentar la profundidad de su integración.[17]

> Podríamos decir que los reflejos son los trampolines para el surgimiento de los patrones de desarrollo motor.

Al inicio, el movimiento voluntario y controlado se desarrolla desde el centro del organismo hacia las extremidades y de la cabeza al coxis, luego de los miembros inferiores hasta los superiores. Los patrones básicos de movimiento son explorados en el contexto del movimiento en el útero, la infancia, la niñez y la adultez. En cada patrón está incluida la integración de los reflejos subyacentes. Cada patrón se relaciona con el desarrollo del cerebro y su funcionamiento, y lo apoya.[18] Podríamos decir

[16] Stiller, Angelika y Renate Wennekes. *Motor Development Across the Body Midline*. Neuenkirrchen- Vorden, Alemania: Astrup 31:49434, 1996.

[17] Masgutova, Svetlana y Nelly Akhmatova. *Integration of Dynamic and Postural Reflexes Into the Whole Body Movement System: An Educational Kinesiology Approach*, Varsovia, Polonia: International NeuroKinesiology Institute, 2004.

[18] Erickson, Carol Ann. "Exploration of Movement". Nueva Jersey*: Course Manual by Course Author and Developer of Courses in Educational Kinesiology*, 1999.

que los reflejos son los trampolines para el surgimiento de los patrones de desarrollo motor.

El movimiento altamente refinado se apoya sobre un fuerte cimiento de reflejos y movimientos de desarrollo integrado. Un movimiento en verdad integrado es eficiente, fuerte y gracioso. Hay un equilibrio entre los patrones motores complementarios. Se activa una magnífica instrumentación de flexión-extensión, estiramiento-contracción, empujar-tirar (jalar) y alcance-rendimiento. Esto genera armonía y fluye en la secuencia y coordinación del movimiento. En respuesta al estímulo, el individuo es capaz de moverse con un amplio rango de opciones.[19]

Cuando nuestro sistema mente-cuerpo está estresado, tendemos a volver a nuestro último patrón de movimiento estable. Si los patrones de desarrollo anteriores no están completamente integrados, la base es débil. Esta es la base lógica para la enseñanza o el repaso de los reflejos y el desarrollo de los patrones motores al trabajar con niños con capacidades normales. El cuerpo tiene la capacidad de retornar a las etapas de desarrollo y aprender o reaprender los patrones. El cerebro es plástico, es decir, receptivo o maleable y puede volver a tejer caminos neuronales ignorados, mal informados o incluso dañados. Esto suele traducirse en un mejor nivel de funcionamiento. Mayor información acerca de estos conceptos puede encontrarse en el libro de Peggy Hackney *Making Connections: Total Body Integration Through the Bartenieff Fundamentals*.[20]

[19] Erickson, Carol Ann. "Exploration of Movement". Nueva Jersey: *Course Manual by Course Author and Developer of Courses in Educational Kinesiology*, 1999.

[20] Hackney, Peggy. *Making Connections: Total body Integration Through the Bartenieff Fundamentals.* (1998, 2002). Nuev york, Nueva York, Overseas Publishers Association, Gordon Publishers Association, 1998. Para mayor información sobre el Center for Movement Education and Research, en donde Peggy Hackney es instructora, vea www.movement-education.org

Patrones de desarrollo del movimiento

Componentes fundamentales del movimiento y el entendimiento

Contralateral
Integra todos los patrones previos;
aumenta la capacidad para planificar.

Unilateral
Diferencia los lados derecho e izquierdo del cuerpo;
incrementa la movilidad.

Homólogo
Diferencia las mitades superior e inferior del cuerpo;
aumenta la capacidad para actuar.

Movimiento de columna
Diferencia la parte delantera del cuerpo de la trasera,
incrementa la capacidad para atender.

Radiación desde el ombligo
Diferenciación y conexión.

Succión
La boca es el primer miembro en ser alcanzado,
agarrado, sostenido y soltado.

Respiración
El área más simple de presencia física.

NOTA: Vea Erickson, Carol Ann, 1997. Carol Ann Erickson es una profesora y educadora internacionalmente reconocida. En la actualidad vive en West Palm Beach, Florida, y es instructora/consultora internacional en Brain Gym®International, para la cual ha desarrollado diversos cursos. Si desea más información vea www.braingym.org. Esta red mundial se dedica a mejorar la vida y el aprendizaje a través de la ciencia del movimiento. También puedes visitar la página web para adquirir libros, fechas de cursos y lugares, respuestas a las preguntas más frecuentes y un directorio de otros consultores/ instructores.

La lógica y el razonamiento en el cerebro infantil se han desarrollado en la edad escolar.

Jerarquía del aprendizaje

Funcionamiento académico
Desarrollo del pensamiento lógico y racional para la escuela leer, escribir, matemáticas, etcétera.

Conceptualización
Dar sentido al mundo.

Lenguaje
Desarrollo del habla.

Percepción
Desarrollo del funcionamiento oculo-motor (ver) junto a las capacidades auditivas (escuchar) y táctiles (tocar).

Patrones motrices
Desarrollo de patrones motrices correctos gatear, trepar, etcétera.

Reflejos posturales
Desarrollo de la capacidad para permanecer con una postura erecta y equilibrada ante la fuerza de gravedad.

Reflejos primitivos
Surgimiento e integración de los reflejos de supervivencia junto con las capacidades auditivas (escuchar) y táctiles (tocar).

Al nacer, los reflejos primitivos como el RTAC (reflejo tónico asimétrico del cuello) están listos para usarse como trampolín para el desarrollo futuro.

NOTA: Vea Stiller y Wennekes (1996), y Erickson (1997). La jerarquía del aprendizaje consiste en una mirada lineal hacia la adquisición de capacidades. El aprendiz suele avanzar a lo largo de una serie de etapas predecibles de aprendizaje. A través de los años, mucha gente ha expuesto acerca de este concepto. P. ej. La jerarquía del aprendizaje (Haring, Lovitt, Eaton y Hansen, 1978) tiene cuatro etapas: adquisición, fluidez, generalización y adaptación. La presentada aquí, sin embargo, es una jerarquía de los patrones de desarrollo del movimiento, referida por primera vez en el campo de la kinesiología por Stiller y Wennekes (Alemania, 1996). Más tarde, en su trabajo con la Exploración del movimiento en el campo de la kinesiología, Carol Ann Erickson (EUA, 1997) creó esta representación gráfica del concepto jerárquico. Encuentra más información en la bibliografía de estos autores.

Capítulo cuatro

Actividades de movimiento para facilitar el aprendizaje: *Bloques de actividades que construyen la estructura interna*

"Los niños quieren aprender. Cuando los niños involucran su cuerpo, su mente, sus emociones, imaginación y entusiasmo, aprenden y crecen. Este crecimiento no sólo se da en una experiencia específica, sino en toda la personalidad".

ANNE BARLIN, *The Art of Learning Through Movement* [21]

[21] El sitio web www.movement-education.org ofrece información del centro para la investigación y educación sobre el movimiento (Center of Movement Education and Research). Su plan de estudios se basa en la premisa de que el movimiento tiene el poder de facilitar la educación y la sanación.

Bloques de actividades de estructura interna

Este capítulo incluye algunas actividades básicas que mejorarán la habilidad para aprender fácilmente para niños de todas las habilidades. Yo llamo a estos siete movimientos específicos "las actividades para los bloques que construyen la estructura interna".

Cada actividad se dirige a cierta destreza del desarrollo que puede faltar o aún no estar integrada al sistema nervioso.

Notas sobre el movimiento[22]

- El movimiento es una forma de inteligencia: inteligencia kinestésico-corporal.
- El movimiento puede mejorar la cognición y la autoestima.
- El movimiento con conciencia de uno mismo y de otros promueve la empatía, la raíz del entendimiento y la compasión.
- La resolución de problemas a través del movimiento estimula la creatividad de la mente, el cuerpo, la imaginación, los sentimientos y el espíritu de cada niño.
- La creatividad es una fuente de alegría, admiración, expresión y es una necesidad humana.

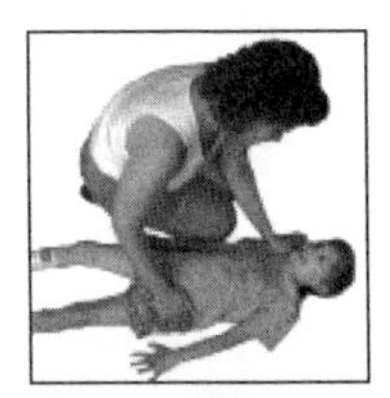

Activación nuclear

La activación nuclear es uno de los principales bloques que construyen la estructura interna para futuros patrones de movimiento.

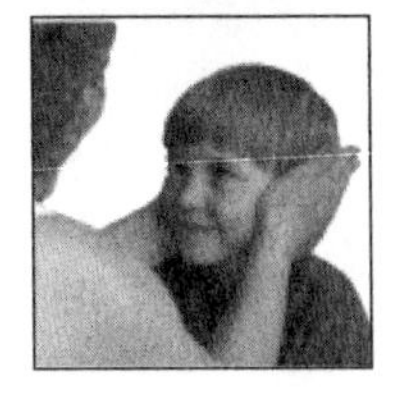

Despertar de oídos

Se usa para incrementar la organización interna y externa, al promover el ritmo, la sincronización y la fluidez.

[22] El sitio web www.movement-education.org ofrece información del Center of Movement Education and Research. Su plan de estudios se basa en la premisa de que el movimiento tiene el poder de facilitar la educación y la sanación.

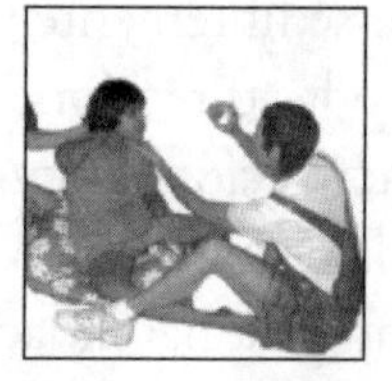

Activación de ojos

A través de información visual podemos establecer dónde está el cuerpo en el espacio.

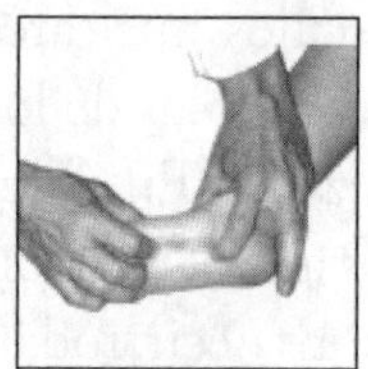

Actividad de reeducación de los músculos del pie.

La relajación del sistema nervioso puede ayudarse con el estiramiento del pie.

Radiación desde el ombligo

La base para todos los patrones futuros de movimiento voluntario.

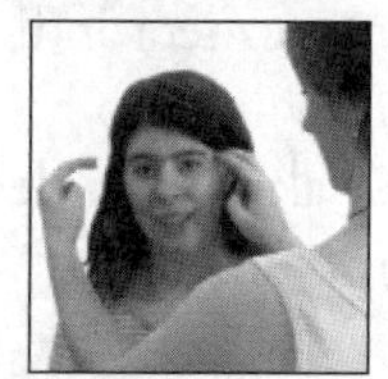

Golpeteo del cráneo

La estimulación organizada de los nervios en la cabeza promueve sentido del ritmo, la sincronización y la fluidez dentro del sistema mente-cuerpo.

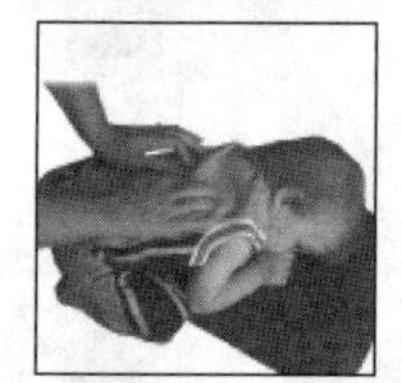

Recorrido espinal (columna)

Los movimientos de la columna son la base desde la que desarrollamos nuestra atención interior y exterior.

Activación nuclear[23]

Los músculos nucleares –los músculos internos del tronco del cuerpo– contribuyen de forma importante al equilibrio del cuerpo. La conexiones cerebro cuerpo entre las caderas y los hombros y las partes superior e infe-

[23] Activación nuclear es un concepto que siempre ha sido reconocido en el desarrollo del niño. Muchas disciplinas somáticas abrazan la idea de que la activación de los músculos nucleares en el tronco del cuerpo es esencial para todo aprendizaje de movimiento integrado. Por ejemplo, los fisioterapeutas lo llaman estabilidad del tronco, en tanto que un atleta puede referirse a él como movilidad del tronco.

rior del cuerpo generalmente tienen la habilidad de moverse libremente y activarse en todas direcciones. La acción de moverse en todas direcciones alerta el sistema vestibular, el cual estimula el sistema de activación reticular (SAR), que en su momento "despierta" al cerebro para la entrada sensorial. Dado que el aprendizaje y la memoria se basan en nuestra habilidad para hacer patrones de la información sensorial, los músculos nucleares necesitan ser tanto receptivos como expresivos. Las redes nerviosas de los músculos nucleares previamente han sido creadas y mielinizadas. En el desarrollo normal del sistema motor, pasamos de los reflejos a la activación de los músculos nucleares y de ahí a la exploración motora. Es decir, rodar, sentarse, gatear y caminar. El desarrollo de los músculos nucleares es uno de los bloques para el desarrollo de la estructura interna más importantes para los patrones de movimiento futuros.

La siguiente secuencia está hecha de una manera rítmica, usando las partes anterior y posterior del cuerpo y los hombros y las caderas. El primer grupo de secuencias da conciencia de cada hombro y cadera individualmente*. El segundo grupo de secuencias apoya el movimiento homólogo**, una conciencia de las partes superior e inferior, alta y baja del sistema mente-cuerpo. El tercer grupo apoya el movimiento unilateral*** al usar un lado cada vez. El cuarto grupo apoya el movimiento contralateral****, que ayuda en la futura integración para usar combinaciones opuestas. El niño experimenta estas secuencias, primero de una manera pasiva, después, si es posible, de una forma activa. Para una participación activa, le puedes pedir que empuje contra tu presión en sus hombros y caderas. Empujar intencionalmente contra la resistencia le da control consciente de sus músculos nucleares, más que la parte refleja del cerebro.

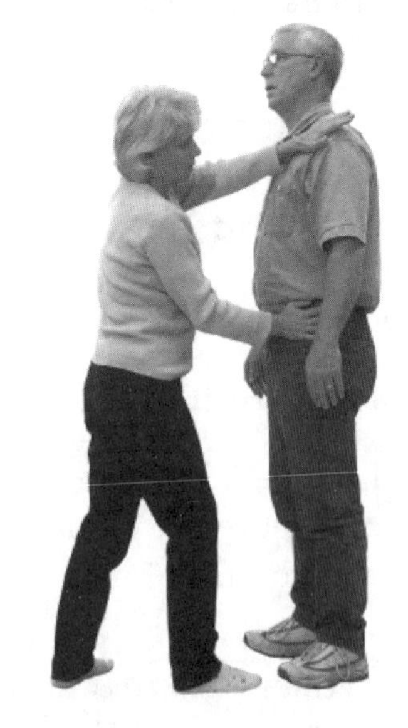

Activación nuclear con secuencia de movimiento homolateral

* Prestamos atención a cada hombro y músculo **individualmente** para ayudar a tener conciencia de los músculos nucleares del tronco del cuerpo. Esto apoya y estimula el desarrollo de la parte frontal y occipital del cerebro, *donde la comprensión empieza.*

** **Patrón de movimiento homólogo** es la flexión o extensión simultánea de ambos brazos y/o de las piernas juntos. Este movimiento construye la fortaleza necesaria para llevar el peso sobre nuestros miembros y es la base de la postura de cuadrúpedo, la cual nos permite movernos en el espacio. También estimula el desarrollo de la parte media del cerebro, lo que conduce al desarrollo de las relaciones.

*** **Patrón de movimiento unilateral** es la flexión o extensión simultánea del brazo o la pierna del mismo lado del cuerpo, en el que cada lado de la neocorteza se activa individualmente. Este patrón de movimiento subyace en nuestra habilidad de diferenciar nuestros lados izquierdo y derecho, así como la coordinación de boca-ojos-mano. Se convierte en la base de nuestra habilidad para alcanzar objetos, gente, ideas y metas.

**** **Patrón de movimiento contralateral** es un movimiento en el que alternando brazos y piernas, flexionados o extendidos juntos, se activan simultáneamente los dos hemisferios de la neocorteza. Este movimiento subyace en la coordinación de ambos lados del cuerpo y de los dos hemisferios cerebrales y la comunicación con otras personas.

Procedimiento de la activación nuclear

Activo: El niño mueve sus hombros y caderas, respondiendo cuando tú le pides: "empuja mis manos y pon resistencia".
Pasivo: Tú mueves los hombros y las caderas del niño.

Puedes hacer activación nuclear pasiva o activa con el niño acostado, sentado, parado, o incluso, moviéndose. La secuencia aquí presentada es relativa al desarrollo. De cualquier modo, tu meta es solamente crear conciencia. Cualquier combinación hecha rítmicamente es beneficiosa.

Paso 1. Empuja, después tira

1. Cada hombro y cada cadera individualmente
2. Los hombros simultáneamente; después las caderas simultáneamente.
3. El hombro y la cadera derechos, simultáneamente. Después el hombro y la cadera izquierdos simultáneamente,
4. El hombro derecho y la cadera izquierda simultáneamente. Después, el hombro izquierdo y la cadera derecha simultáneamente.

Paso 2. Empujar uno mientras se tira del otro

1. Empuja un hombro mientras tiras del otro. Cambia de lado. Haz lo mismo con las caderas.
2. Empuja el hombro derecho mientras tiras de la cadera derecha. Cambia de lado. Haz lo mismo con el lado izquierdo.
3. Empuja el hombro derecho mientras tiras de la cadera izquierda. Cambia de lado. Haz lo mismo con el otro hombro y la otra cadera.

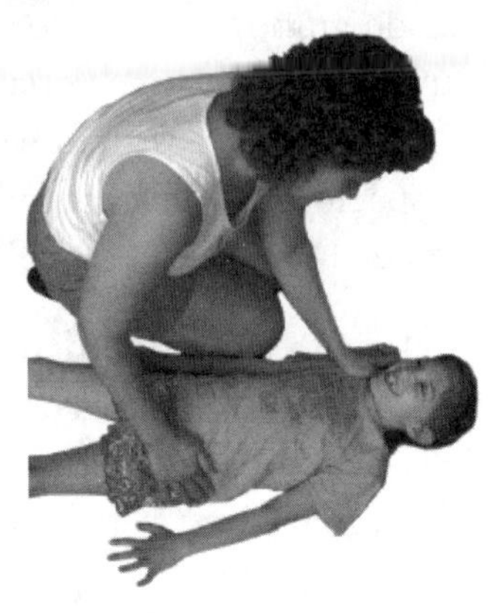

Modificaciones: Si el niño no resiste con sus hombros, usa la **liberación del hombro y tronco** para crear una conexión neutral más fuerte. Si el niño no resiste con sus caderas, usa **8s pélvicos.**

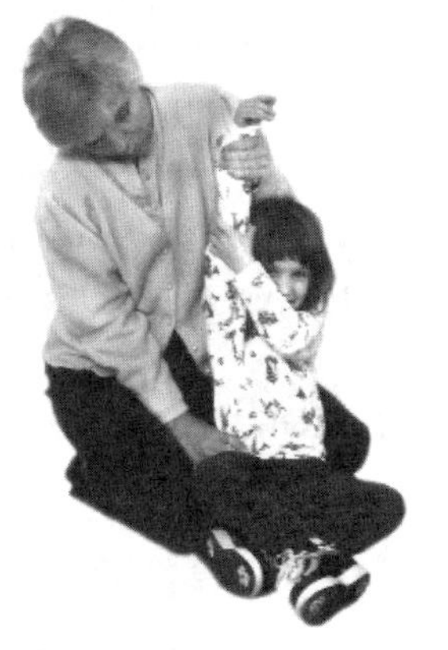

La liberación del hombro y tronco estimulará la integración cerebral, haciendo el cuerpo del niño más receptivo a la activación nuclear.

Liberación del hombro y tronco: El niño se sienta o se acuesta en el suelo. Pon una mano en el antebrazo y la otra mano en la cadera del mismo lado. Estira el tronco y la zona del hombro tirando del antebrazo mientras empujas contra su cadera. Mantente así por 8 segundos. Descansa. Repite 6 u 8 veces de cada lado.

Usa los **8s pélvicos** para una mejor respuesta de la activación nuclear.

8 pélvicos: El niño se tiende boca arriba en el suelo. Detén sus piernas y muévelas haciendo la forma de un 8. Repite 7 u 8 veces en cada dirección.

Después de la liberación del hombro y tronco y/o los 8 pélvicos, regresa a la activación nuclear.

Secuencia para realizar la activación nuclear

Activación nuclear es el bloque que construye la estructura interna más importante para el desarrollo de movimientos futuros.

Paso 1
Empuja, después tira:

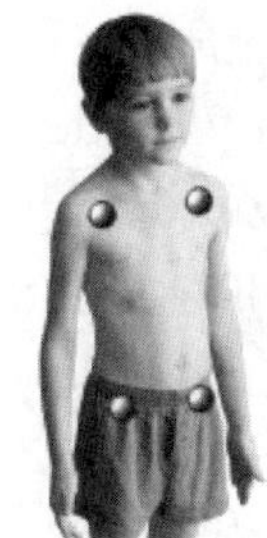

Individual
Cada hombro y cadera individualmente

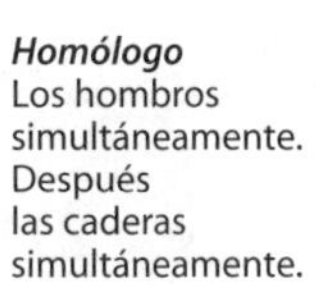

Homólogo
Los hombros simultáneamente. Después las caderas simultáneamente.

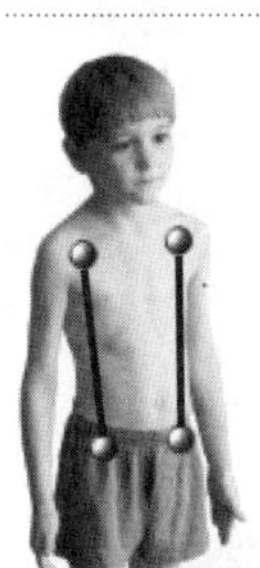

Unilateral
Hombro y cadera derechos, simultáneamente. Hombro y cadera izquierdos simultáneamente.

Contralateral
Hombro derecho y cadera izquierda simultáneamente. Después hombro izquierdo y cadera derecha simultáneamente.

Los músculos interiores del tronco del cuerpo son los músculos nucleares.

Paso 2
Empuja uno mientras tiras del otro:

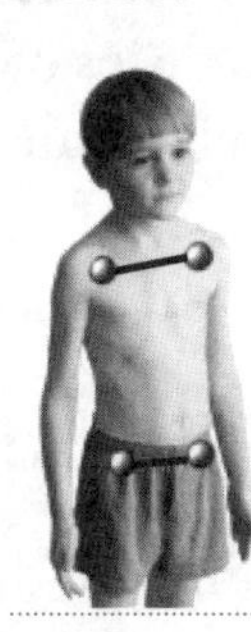

Homólogo
Empuja un hombro mientras tiras del otro. Cambia de lado. Después, lo mismo con las caderas.

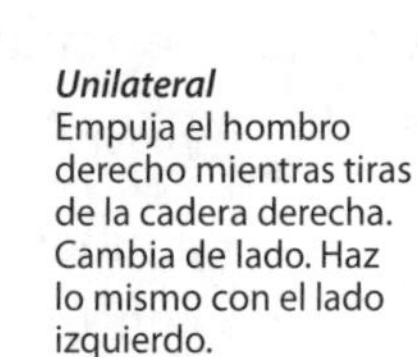

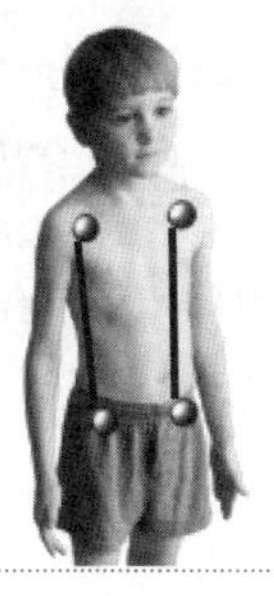

Unilateral
Empuja el hombro derecho mientras tiras de la cadera derecha. Cambia de lado. Haz lo mismo con el lado izquierdo.

Contralateral
Empuja el hombro derecho mientras tiras de la cadera izquierda. Cambia de lado. Haz lo mismo con el otro hombro y con la otra cadera.

NOTA: Brainbridge Cohen, Bonni, 1995. Hannaford, Carla, 1995. Erickson, Carol Ann, 1997. Wennekes, Renata, 1996. Dennison Paul y Gail, 1995. Masgutova Svetlana, 2004. Edwards, Rita, 2003. Todas estas personas han sido instructores en el área de la kinesiología educativa y del desarrollo, y aceptan la importancia de la activación nuclear.

Despertar de oídos

El propósito del despertar de oídos es incrementar la organización interna y externa al promover un sentido del ritmo, sincronización y fluidez dentro del sistema mente-cuerpo. Esta técnica es una adaptación del Qi Gong[24], un sistema de ejercicios basado en la energía, que mejora la salud, promueve la longevidad e incrementa el propio sentido de armonía.

En el despertar de oídos la rápida compresión expande y contrae las estructuras internas del oído, con lo que el niño experimenta una sensación física dentro de los oídos. La estimulación de la cóclea y del sistema vestibular mejora la agudeza auditiva, el discernimiento, la memoria y el equilibrio.

Procedimiento del despertar de oídos

Haz este procedimiento de pie (es más fácil), sentado o acostado.

1. Pon las manos sobre las orejas del niño después de humedecer las palmas para crear más succión (opcional).
2. Empuja las manos rápidamente hacia adentro y hacia fuera, continuamente hasta que se oiga un ruido, como chirridos.

Nota: Si el niño tiene tubos en los oídos, checa con un profesional para asegurarte de que el procedimiento es adecuado. Si hay mareo (generalmente debido a la intensa estimulación vestibular), sostén la región occipital de la cabeza del niño para acelerar la recuperción del equilibrio.

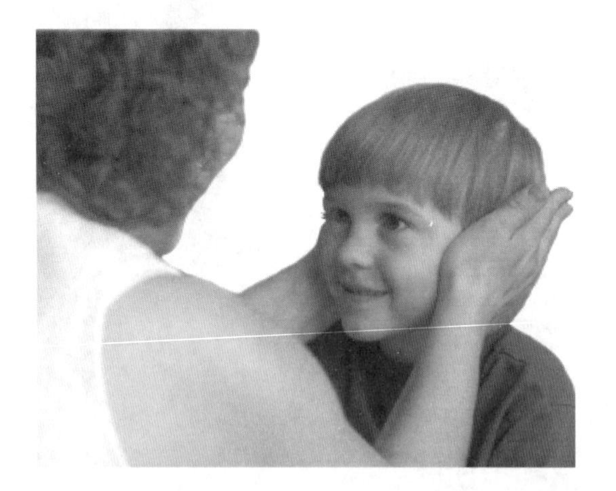

[24] Vea www.acupunture.com para obtener más información sobre Qi Gong.

Activación de ojos

Nuestros ojos son parte de un sistema sensorial que no solamente detecta señales débiles y determina la fuerza de la señal, sino que también discrimina entre las diferentes señales. En la visión, esto incluye la discriminación de los detalles finos (esto se llama agudeza visual) o de las diferentes longitudes de onda de la luz (discriminación de los colores). La información entrante viaja a lo largo de los nervios ópticos de una manera muy ordenada, de la retina al tálamo, donde es retransmitida al área de recepción primaria de la neocorteza.

Visión = ojo, nervio óptico, tálamo, corteza visual.

Si recordamos que el movimiento "hace crecer el cerebro", podemos entender que el uso de los músculos oculares es lo que desarrolla la claridad visual. El Dr. William Bates, en 1919, un médico sumamente respetado en el área de la oftalmología[25] abrió el camino con la creación de una revolucionaria manera de restaurar o mejorar dramáticamente la visión. Desde entonces, cientos de médicos en el mundo han tomado la antorcha y han continuado con su legado, estudiando extensamente el mérito de los ejercicios oculares y enseñando la corrección natural de la vista. Este libro presenta una técnica estudiada por Dennison y Dennison.[26,27] También, en las técnicas que

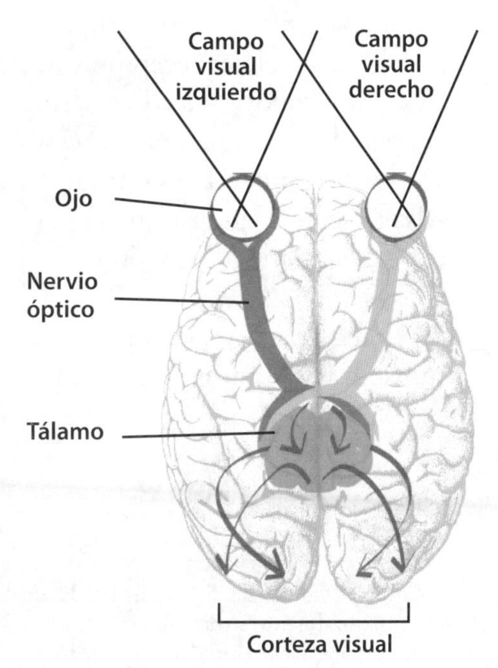

[25] Bates, William Horatio. Para información histórica de su trabajo pionero en oftalmología, vea www.seeing.org/intro/history.

[26] Dennison, Paul y Gil. , *Course Manual:Edukinisthetics In-Depth: The Seven Dimensions of Intelligence,* Ventura , CA: EduKinesthetics, Inc., 1984, 1995.

[27] Dennison, Paul y Gail. Video/DVD: *Move to See with Vision Gym©: Playful Movement for Natural Seeing.* Ventura , CA: EduKinesthetics, Inc.,2004.

aquí se presentan, se ha recogido información de Orlin Sorensen, quien ha desarrollado un programa llamado *Visión para la vida*[28].

A través de enlaces con el oído interno, el sistema visual también tiene que ver con la atención y el equilibrio. Por ejemplo, si un niño tiene un equilibrio difícil y no sabe cómo usar sus músculos nucleares, dependerá de los ojos para saber dónde está en el espacio. En este caso, el sistema visual puede estar sobre trabajado y bajo estrés por encargarse de una faena (tareas de supervivencia) que hubiera sido hecha de manera natural por otro sistema sensorial del cuerpo. Los ejercicios de activación de ojos relajarán el ojo al activar la función vestibular y estabilizar el cuerpo en el espacio y la gravedad[29].

Desde que sabemos que el crecimiento y el desarrollo progresa de adentro hacia afuera, así como de los pies a la cabeza, se deduce que el ojo y los movimientos de la vista apoyan todo el movimiento del cuerpo. Los ojos juegan una parte muy importante en nuestro crecimiento y desarrollo. Las células receptoras de luz en la retina consisten en bastones (95%) y conos (5%). Los bastones en nuestra retina se usan, sobre todo, para la visión periférica; registran el movimiento y dan mensajes al sistema vestibular. Los conos registran el color y nos dan la habilidad de visualizar centrándose en el detalle. Recordemos que el equilibrio es la clave de la claridad de visión.[30]

El siguiente gráfico nos muestra la lógica para usar luz roja y azul para entrenar la vista. El rojo y el azul son colores complementarios.

---

[28] Sorenson, Olin. El Sr. Sorenson ha desarrollado un programa que puede mejorar la visión naturalmente a través de movimientos específicos de los ojos. Para mayor información visita www.rebuildyourvision.com.

[29] Hornbeak, Denise. La señora Hornbeak tiene licencia como kinesióloga educativa, especializada en terapia de la vista. Su pericia se ha expandido recientemente de la terapia visual a la kinesiología del desarrollo. Es autora de *SuperConfitelligent Child*, 2007.

[30] Hannaford, Carla. *Smart Moves: Why Learning is Not All In Your Head.* Arlington, VA: Great Ocean Publishers, Inc, 1995. Y la edición revisada de Smart Moves. Great Rivers Books, 2005, y Sumar, Sonia. *Yoga for the Special Child: A Therapeutic Approach for Infants and Children.* Buckinham, VA: Special Yoga Publications, 1998. Visita www.specialyoga.com para mayor información de un programa integral.

Rojo

Estimula el sistema nervioso simpático para:

- Respuesta de lucha o huida
- Aumento de la sangre en el corazón, los pulmones y músculos largos para correr.

El sistema nervioso simpático se activa mientras está uno parado.

La palabra clave asociada con el color rojo es supervivencia.

Azul

Estimula el sistema nervioso parasimpático para:

- Descansar y hacer la digestión
- Sanar, funcionamiento del sistema inmune
- Calma

El sistema nervioso parasimpático se activa mientras estamos sentados o acostados.

La palabra asociada con el color azul es alegría.

La retina, la estructura sensible a la luz del ojo, contiene receptores que absorben fotones y transmiten señales químicas al cerebro. La retina contiene dos tipos de células: bastones y conos. Los bastones son receptoras de poca luz y no dependen del color. Los conos son sensibles al color y requieren de luz más brillante para ver el detalle.

El centro de la retina tiene una concentración de conos, pero no de bastones, mientras que la periferia tiene muchos bastones, pero no conos.

Para mejorar la visión de un niño, sigue el procedimiento que se indica más adelante, mientras oprimes los puntos sugeridos para activar el área correspondiente del cerebro. Los músculos de activación de ojos relajan los músculos alrededor de los ojos para mejorar la habilidad física de ver.

Si esta técnica resulta muy difícil para el niño, comienza con los ejercicios de ojos de los juegos de linterna de la siguiente página. Si éstos son muy difíciles para el niño, el niño tendrá que seguir la marca de una luz láser roja o azul moviéndose despacio en el piso. Con el tiempo, a medida que el niño pueda atender visualmente,

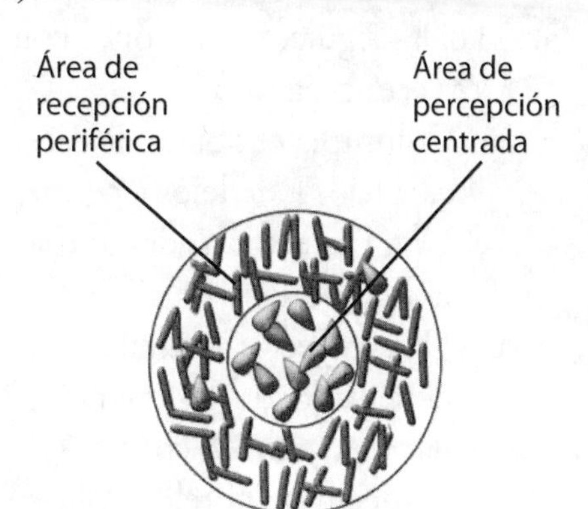

expande el área en la que se mueve la luz en el piso. Comienza con un espacio pequeño y gradualmente ve moviendo la mancha de luz a la pared o a otra persona (evitando los ojos) y después al techo.

Lo mejor es hacer los ejercicios de entrenamiento visual por sólo un minuto durante la sesión para dar tiempo a la integración y no cansar los ojos con la excitación de un aprendizaje nuevo. Durante el proceso, refuerza los cambios positivos frecuentemente, con un lenguaje que apoye o retroalimente al niño. "¿Cómo se siente?" "¿Es cada vez más fácil?". Esta forma de entrenamiento visual es muy poderosa y casi todos los niños se energizan. De todas formas, ten en cuenta que el niño puede marearse, cansarse o desorientaarse durante o después de esta actividad. Si hay mareo, coloca una mano en los puntos occipitales de la base de la cabeza, y la otra en el abdomen, durante alrededor de un minuto. Esto activará el cerebro para restablecer el equilibrio.

Puntos de activación de ojos

Oprime los puntos específicos para relajar los músculos alrededor del ojo.

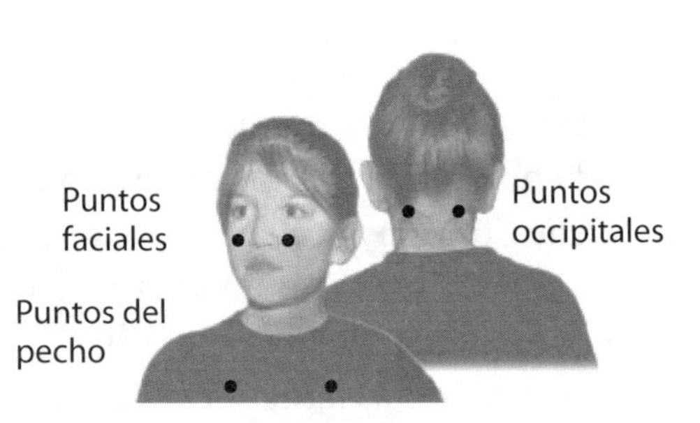

Procedimiento para la activación de ojos

1. El niño elige rojo o azul.
2. Toca simultáneamente los dos puntos del pecho, del área occipital, o de la cara.
3. Haz las siguientes acciones con un objeto pequeño del color elegido, tres veces cada uno:
   a. Columpia el objeto de cerca a lejos y de lejos a cerca.
   b. Una trayectoria, de lado a lado y de arriba a abajo.
   c. Una trayectoria circular en el sentido de las manecillas del reloj y contra las manecillas del reloj.

d. Una trayectoria diagonal.
e. Coloca las palmas sobre los ojos por 20 segundos.

Modificación: Juego de linterna

Juego de linterna

Algunas veces el niño no es capaz de hacer la activación de ojos porque no tiene la destreza física para ver. En este caso hacemos una actividad más simple.

Procedimiento del juego de linterna.

En un cuarto completamente oscuro, pon al niño frente a ti o siéntalo en tu regazo.

1. Enciende la linterna para que se muevan los ojos del niño siguiendo la marca de luz en el techo o en la pared. Pídele a niño que encuentre la marca
2. Apaga la linterna inmediatamente después. Apunta la linterna a una dirección diferente y enciéndela. Pídele a niño que de nuevo siga la marca de luz.
3. Continúa de 30 a 60 segundos, según la capacidad del niño para prestar atención.
4. Una vez que el niño es capaz de encontrar la marca de luz con la vista, comienza a moverla en trayectorias con patrón, de arriba abajo, de izquierda a derecha, diagonalmente. Recuerda apagar la linterna entre cada barrido.
5. El último paso en los juegos de linterna es dar al niño su propia linterna y pedirle que siga tu marca de luz en la pared o el techo con la de su linterna. Apaga la linterna entre barridos.

Nota: Puede tomar tres semanas alcanzar este último paso. Sigue la destreza del niño y el nivel de actividad.

Modificación: También puede usarse un rayo láser como herramienta de trayectoria del ojo para un niño con habilidades limitadas.

Actividad de reeducación de los músculos del pie

Propiocepción es la habilidad de sentir las posiciones de la cabeza, el tronco y las extremidades, relacionadas unas con otras, para determinar dónde estamos en el espacio. Algunos propioceptores regulan la tensión de los tendones y la contracción muscular. Otros, localizados en músculos, tendones y articulaciones, así como en los canales semicirculares y las estructuras del oído relacionadas, transmiten impulsos al cerebro para mantener el equilibrio y balance.

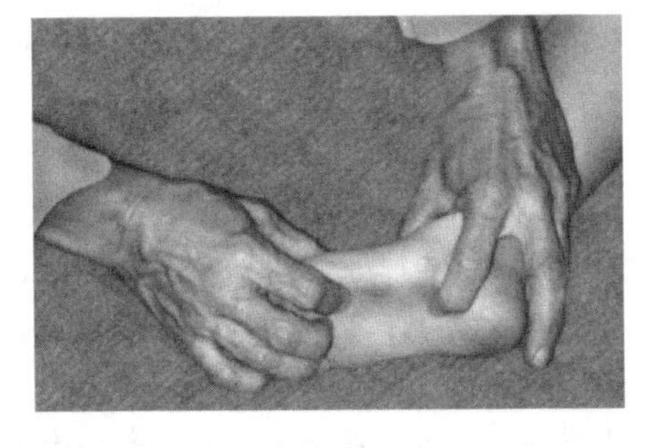

Un ejemplo importante es el pie. Con una propiocepción eficiente hay pronación en el pie con el impacto con la tierra y supinación con la propulsión de la tierra. La contracción crónica de los músculos interfiere con esos complejos procesos y puede comprometer estar en el suelo, estar de pie, caminar y el equilibrio. La actividad de estiramiento del pie reeduca los propioceptores involucrados para que vuelvan al estado de relajación en el que el aprendizaje puede tener lugar más fácilmente.

En el pie existen puntos de presión para toda la columna. De esta forma, el estiramiento de los músculos del pie relaja todo el sistema nervioso, lo que en su momento mejora la integración del cerebro. El estiramiento de músculos en el cuerpo puede incluso ayudar al habla y la producción del lenguaje.[31]

Procedimiento para la actividad de reeducación de los músculos del pie

Comenzando en el empeine, toma el pie del niño con tus dedos gordos o índices, presionando el tejido y moviendolos hacia un lado ligeramente.

[31] Erickson, Carol Ann. Masgutova, Svetlana. Estas dos neurokinesiólogas internacionalmente renombradas difundieron información y conocimientos sobre la kinesiología relativa al desarrollo.

Sostén durante ocho segundos con la intención de relajar el sistema de tendones del pie.

Repite tres o cuatro veces en cada pie en los puntos a lo largo del empeine. Después, a lo largo de la planta.

Termina frotando entre los tendones que conectan con los dedos del pie del niño.

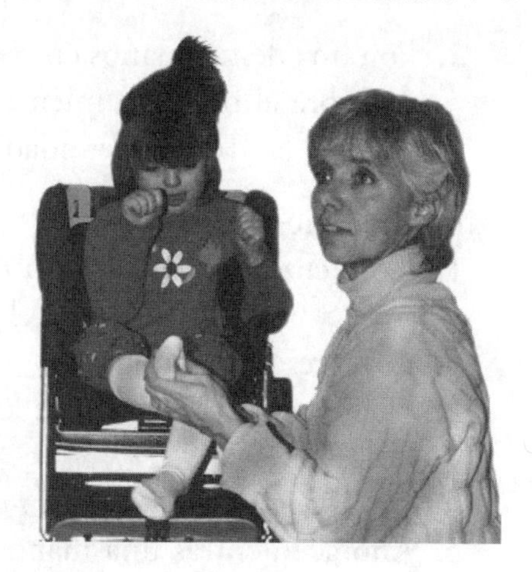

Radiación desde el ombligo

La radiación desde el ombligo es un movimiento reflejo controlado por el cerebro primitivo. Los reflejos primitivos se desarrollan al mismo tiempo, los cuales, junto a la radiación desde el ombligo, sientan la base para todo patrón de movimiento voluntario. La experiencia de estos patrones de movimiento hace que el niño tenga conciencia de la relación entre los miembros y el núcleo de su cuerpo. Esta forma de diferenciación y conexión es la precursora del movimiento intencional.

Procedimiento de la radiación desde el ombligo

Para esta secuencia, el niño puede estar acostado (es mejor), sentado o parado. El procedimiento que se indica está basado en la posición acostado boca arriba. Si el niño prefiere la posición boca abajo, sustituye "espalda baja" en lugar de "ombligo" y "coxis" por "unos cuantos centímetros abajo del ombligo".

Patrón individual:

1. Usa ambas manos para trazar una trayectoria desde el ombligo hasta la parte alta de la cabeza y de vuelta al ombligo. Después, unos centímetros abajo del ombligo y de regreso al ombligo.

2. Pon una de tus manos en el ombligo del niño. Esta mano se queda sobre el ombligo mientras la otra traza trayectorias de arriba a abajo, en cada extremidad individual y de regreso al ombligo.

Patrón homólogo

1. Comienza con una mano en el ombligo mientras la otra traza trayectorias hacia arriba del brazo, hacia las yemas de los dedos y de regreso al ombligo.
2. Haz trazos a las yemas de los dedos del otro brazo y de vuelta al ombligo

Repite los pasos 1 y 2 dos veces más.

3. Ahora, mientras una mano permanece en el ombligo, traza una trayectoria por una pierna hasta los dedos del pie y de vuelta al ombligo con la otra mano.
4. Traza trayectorias hacia los dedos del pie de la otra pierna y vuelva al ombligo.

Repite los pasos 3 y 4 dos veces más.

Patrón unilateral

1. Comienza con una mano en el ombligo, mientras tu otra mano traza trayectorias hacia arriba del brazo, a las yemas de los dedos, y de regreso, pasando por el ombligo hacia abajo por un lado de la pierna hasta los dedos del pie, luego de regreso al ombligo. *Repite dos veces más.*
2. Traza la parte opuesta del cuerpo de la misma forma tres veces.

Patrón contralateral

1. Comienza con una mano en el ombligo, mientras la otra hace trazos hacia arriba del brazo, hasta las yemas de los dedos, y regresa al ombligo.
2. Continúa por el lado de la pierna opuesta, hasta los dedos de los pies, y regresa al ombligo.
3. Ahora traza una trayectoria en el otro brazo hasta las yemas de los dedos y de regreso al ombligo.
4. Continúa hacia abajo en la pierna que queda, opuesta a la mano, hacia los dedos de los pies. Regresa al ombligo.

Repite este patón en X dos veces más.

Termina colocando una mano en el ombligo y la otra exactamente atrás, en la parte trasera del cuerpo. Sostén dos minutos o hasta que el pulso esté sincronizado.

Secuencia del patrón

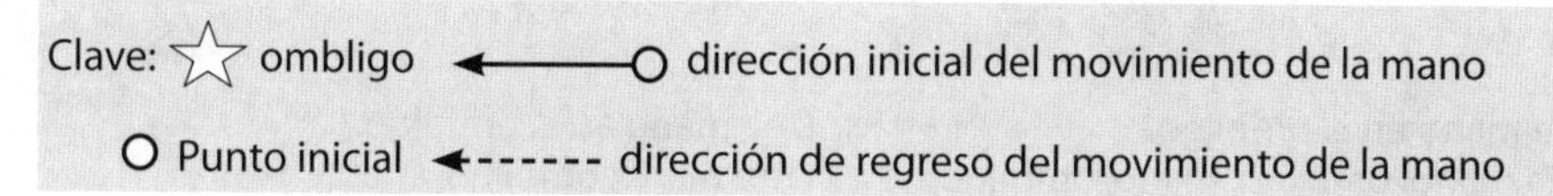

Puntos del patrón individual

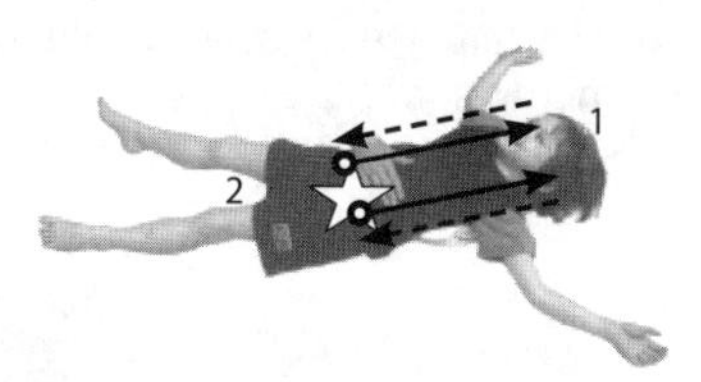

Ambas manos: ombligo, cabeza, ombligo, unos centímetros abajo del ombligo, ombligo.

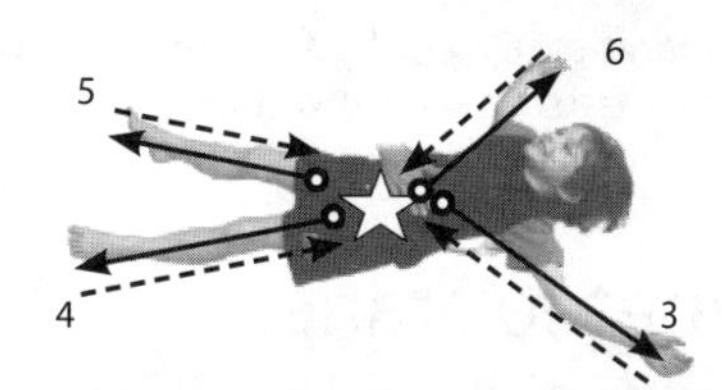

Una mano en el ombligo. La otra mano: ombligo, cada miembro individual, ombligo.

Puntos del patrón homólogo

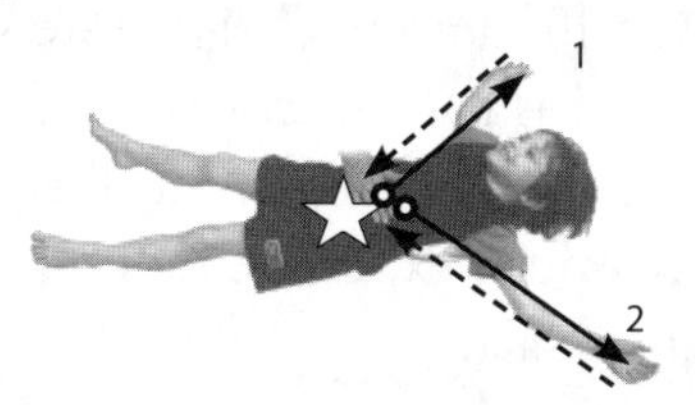

Una mano en el ombligo. Otra mano: ombligo, mano, ombligo.

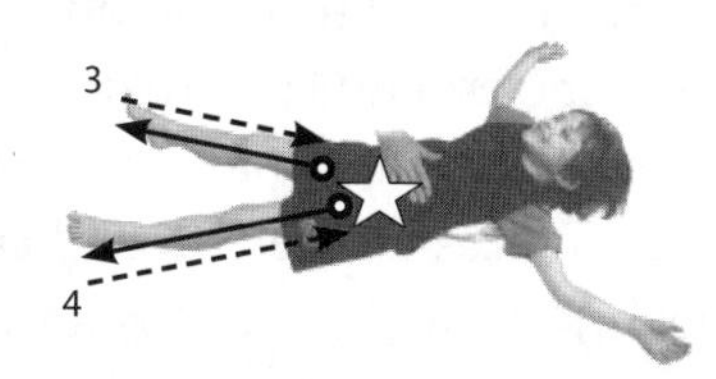

Una mano en el ombligo. Otra mano: ombligo, pie, ombligo.

Puntos del patrón unilateral

Una mano en el ombligo. Otra mano: ombligo, mano, ombligo, pie, ombligo.

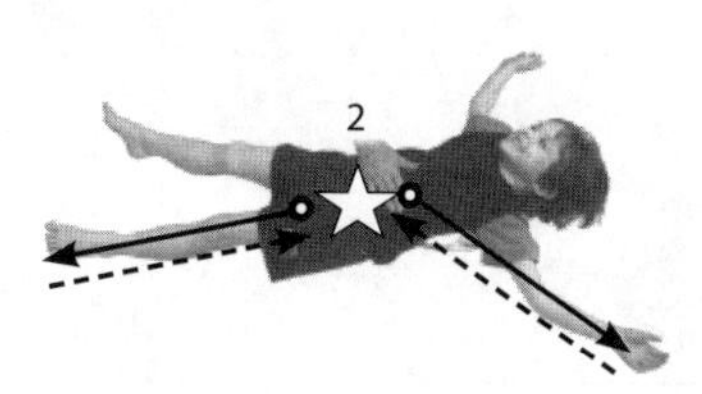

Una mano en el ombligo. Otra mano: ombligo, mano, ombligo, pie, ombligo.

Puntos del patrón contralateral

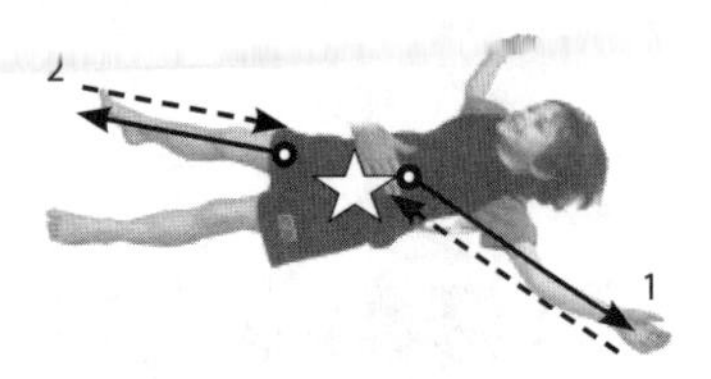

Una mano en el ombligo.
Otra mano: ombligo, mano, ombligo, pie opuesto, ombligo.

Una mano en el ombligo.
Otra mano: ombligo, la otra mano, ombligo, pie opuesto, ombligo.

Final

Una mano en el ombligo y otra mano directamente en la parte de atrás del cuerpo. Sostener esto dos minutos hasta que el pulso esté sincronizado.

Golpeteo craneal

Golpeteo craneal, una técnica adaptada del HANDLE®Institute,[32] incrementa la organización interna al introducir regularidad en la sincronización, el ritmo y la fluidez en el sistema cerebro-cuerpo. Porque el golpeteo sigue exactamente los caminos de los nervios, el cerebro es capaz de rastrear la estimulación y anticipar dónde será el siguiente golpe. El golpeteo craneal expande la actividad HANDLE® conocida como "golpeteo en la cara" para incluir ramas del nervio trigémino ligado a áreas específicas del cerebro. El sistema nervioso experimenta esta estimulación, como algo que excita y algo que relaja.

[32] El HANDLE Institute usa una aproximación holística al neurodesarrollo y la eficiencia en el aprendizaje. Aprenda más a fondo acerca de este programa visitando la página del instituto www.HANDLE.org.

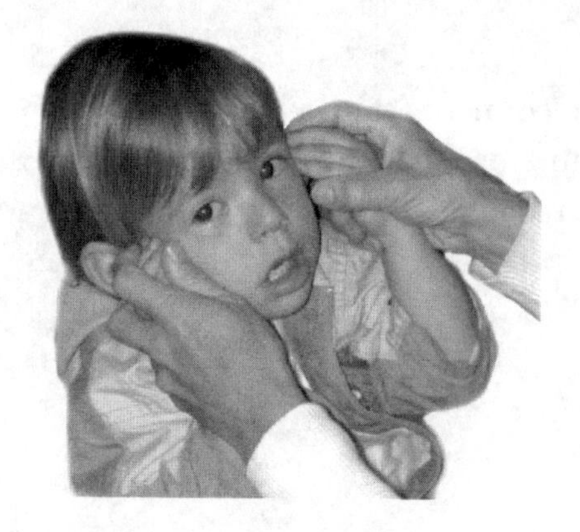

La estimulación organizada de los nervios de la cabeza promueve la sincronización, el ritmo y la fluidez dentro del sistema mente/cuerpo

Procedimiento del golpeteo craneal

Da golpecitos firmes para alcanzar el nervio trigémino, el cual se localiza entre la piel y el hueso, bajo la piel, no en ella. Cada secuencia de golpecitos comienza en la sien. Usa dos o tres dedos de cada mano. Los golpes deben ser rítmicos y continuos, alternando los lados izquierdo y derecho de la cabeza.

La secuencia de golpecitos se mueve desde la sien a ocho puntos dados. Después, regresa a la sien. Termina con un masaje en la oreja.

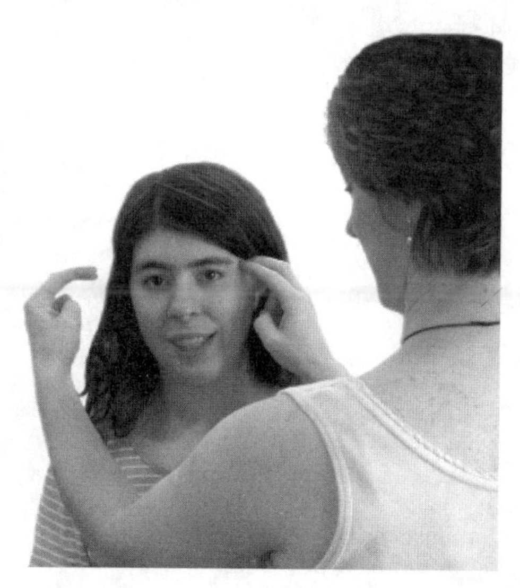

Masaje en las orejas: Con los dedos pulgares e índices, tira suavemente de las orejas del niño y desenróllalas. Comienza arriba de las orejas y masajea suavemente hacia abajo, terminando en los lóbulos. Repite tres veces.

Secuencia de los golpecitos

La sien se marca con una ×. Siempre comienza aquí y regresa ahí después de estimular cada punto. Los números señalados en la foto corresponden a la siguiente secuencia numerada:

1. Sien
Directo en la frente
Sien

2. Sien
Sobre las cejas hacia
la cabeza (coronilla)
Sien

3. Sien
Directo debajo del ojo
(órbita ocular)
Sien

4. Sien
Abajo, hacia la coyuntura
de la articulación temporal
mandibular (ATM)
Sien

5. Sien
Hacia la ATM y a través del
labio superior
Sien

6. Sien
Hacia la ATM, seguir la línea
de la mandíbula hasta el
mentón medio
Sien

7. Sien
Sobre las orejas, hacia la región
occipital del cráneo.
Sien

8. Sien
Terminar con el masaje en las orejas,
de arriba abajo, tres veces.

NOTA: vea instrucciones más amplias en las páginas 101 y 102.

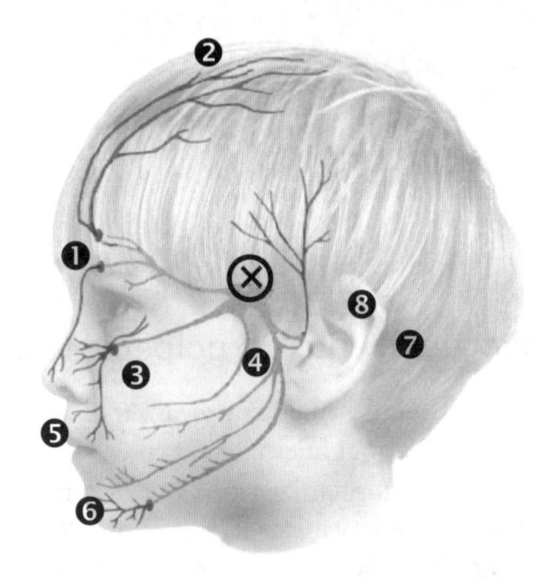

El nervio trigémino es uno de los nervios del cráneo. Surge a través del cráneo en la sien, sigue en un hueco en el cráneo, justo debajo de la coronilla, sigue detrás de la ceja, pasa por encima de los pómulos y a lo largo de la mandíbula.

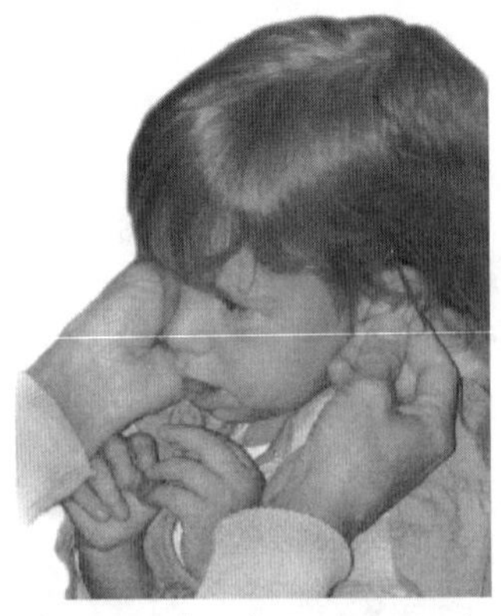

El masaje de orejas completa la secuencia de golpeteo craneal. Ayuda a relajar la tensión de los huesos del cráneo.

Recorrido espinal (columna)

Esta actividad está diseñada para estimular los nervios y músculos al lado de la columna para que el movimiento de la columna tenga más fácil acceso al sistema mente-cuerpo. Mediante los movimientos de la columna descubrimos el eje vertical de nuestro cuerpo y utilizamos el plano horizontal. Nos ayuda a diferenciar nuestras partes, anterior y posterior que son la base para la exploración del espacio, tanto dentro de nuestro cuerpo como fuera de él. Los movimientos de la columna son la base en la que desarrollamos nuestra atención tanto interna como externa. Es importante que los movimientos de la columna se desarrollen en todas las direcciones: flexión, extensión, flexión lateral y rotación. Cuando la columna está equilibrada y flexible, todos los movimientos posteriores se apoyan en la línea central.

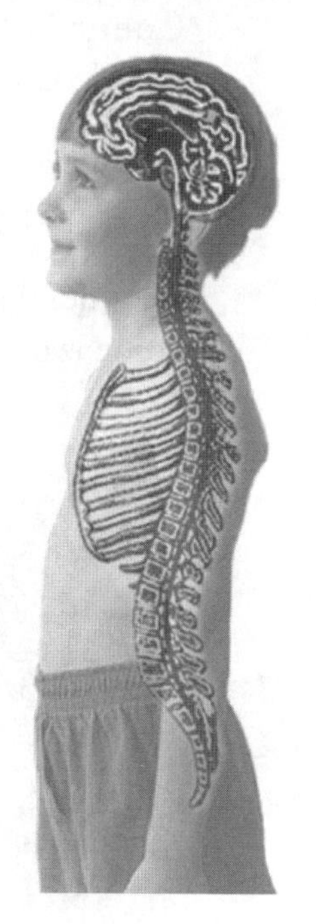

El recorrido espinal estira la espina en todas las direcciones y ayuda a establecer un entendimiento kinestésico de los lados izquierdo y derecho del cuerpo. Este patrón de movimiento puede hacerse acostado, sentado o parado. Acostado parece ser la postura más cómoda[33].

---

[33] Erickson, Carol Ann. Masgutova, Svetlana. Estas dos neurokinesiólogas internacionalmente renombradas difunden información y conocimientos sobre la kinesiología del desarrollo. Al abordar los patrones de movimiento del desarrollo, primero a través de las funciones neurológicas básicas, podemos mejorar-apoyar el crecimiento y desarrollo de cada ser humano. El recorrido espinal es una actividad específica que fortalece a la espina en todas las direcciones. También ayuda a establecer un entendimiento kinestésico de los lados izquierdo y derecho del cuerpo.

Procedimiento para el recorrido espinal

El niño se acuesta boca abajo. Comienza en el sacro, recorriendo tus dedos a lo largo de ambos lados de la columna vertebral.

Continúa hacia arriba, a la región occipital, a 2.5 o 5 centímetros de la base del cráneo.

Comienza a descender recorriendo tus dedos en los músculos trapecio y deltoides y bajo los brazos a los tríceps.

Después desliza las manos sobre el dorsal ancho hacia el sacro para comenzar de nuevo. Repite tres o cuatro veces.

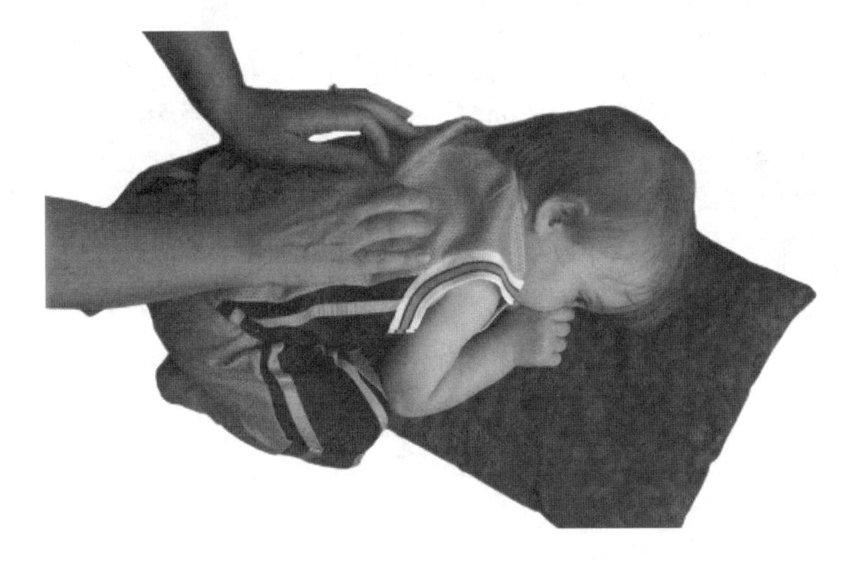

Capítulo cinco
Informe sobre el cerebro

"El aprendizaje es experiencia.
Todo lo demás es sólo información."

ALBERT EINSTEIN

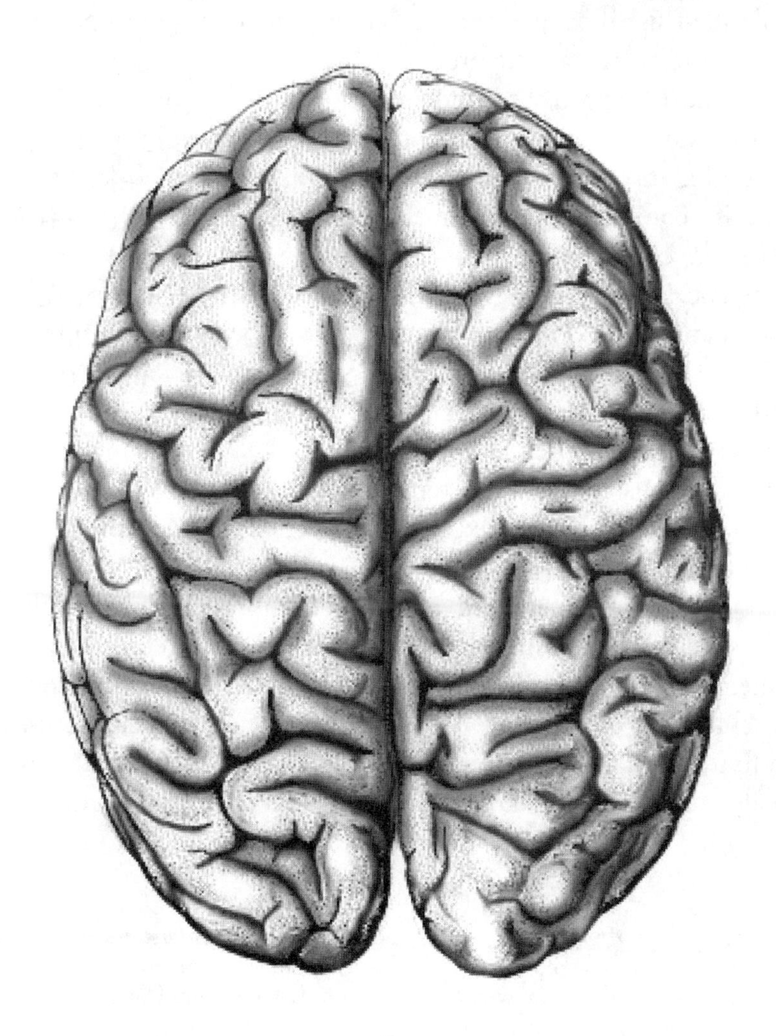

Historia de la investigación sobre cerebro y educación

La investigación sobre el cerebro dividido de hace varias décadas provocó en muchos educadores el interés en la organización de nuestro cerebro. Comenzamos a definir los métodos y técnicas de enseñanza según la separación de los hemisferios o funciones cognitivas selectas. Después, los avances espectaculares en la tecnología de imágenes han permitido analizar más de cerca las subsecciones específicas de los hemisferios en cerebros normales. Los descubrimientos condujeron a la teoría modular predominante de la organización del cerebro. Dicho simplemente, modularidad significa que nuestro cerebro está compuesto por un gran número de subsistemas que procesan distintas funciones, como el reconocimiento de tonos. Estos subsistemas frecuentemente se combinan para procesar tareas más complejas, como el reconocimiento de palabras, la comprensión y producción del lenguaje.

> El cerebro
> –es más grande
> que el cielo–
> Pues –coloca uno
> al lado del otro–
> Uno contendrá al
> otro con facilidad
> –y Tú– al lado.
>
> Emily Dickinson (1830-1886)

Nos hemos basado en la premisa de que a nivel hemisférico, el hemisferio izquierdo (en la mayoría de las personas) se especializa en procesar el lenguaje, mientras que el hemisferio derecho (en la mayoría de las personas) se especializa en procesar un concepto completo, una idea o tarea.[34]

El Dr. Elkhonon Goldberg, autor y renombrado científico, propuso una perspectiva de modularidad y organización del cerebro diferente. Su argumento es que la localización hemisférica de una función cognitiva, como el leguaje, es simplemente una consecuencia especial de un principio fundamental de la organización del cerebro de los primates.[35] En el modelo de Goldberg, los sistemas del cerebro se organizan a sí mismos, según las funciones protectoras o de desarrollo: una organización

---

[34] Sylwester, Robert. *An intriguing New Perspective of Our Brain's Organization.* Vea www.brainconnection.com como fuente científica relacionada con neurofisiología.

[35] Goldberg, Elkhonon. *The Executive Brain. Nueva York*, NY: Oxford University Press, 2001.

para reconocer y responder al peligro, y otra organización diferente para aprovechar las oportunidades. Esta información nos lleva a entender que el cerebro es un órgano muy dinámico que responde a la relación entre el movimiento y las fuerzas que afectan el movimiento.

Además, el alcance total de esta interconectividad no está claro. Es, de cualquier forma, completamente incorrecto suponer que en cualquier situación, algunas áreas del cerebro están trabajando y otras, no. Podemos, por lo menos tentativamente, suponer que en algunos momentos un enfoque en particular puede ser el dominante mientras el resto del cerebro actúa como apoyo y que la educación puede influir en cuál enfoque domina.[36]

Nuestro entendimiento continúa profundizándose a medida que los científicos continúan su búsqueda.

Al considerar el cerebro en vías de desarrollo y el cerebro del niño que se está desarrollando, comenzamos a comprender conceptos de aplicación de "cómo la mente crece desde la concepción hasta la universidad".[37]

Y con el estudio de nuestro niño viene la comprensión de que la práctica guiada puede acelerar el desarrollo motor. La rica danza del desarrollo de la mente y el cuerpo nos lleva a concluir que el movimiento, de hecho, hace crecer el cerebro.

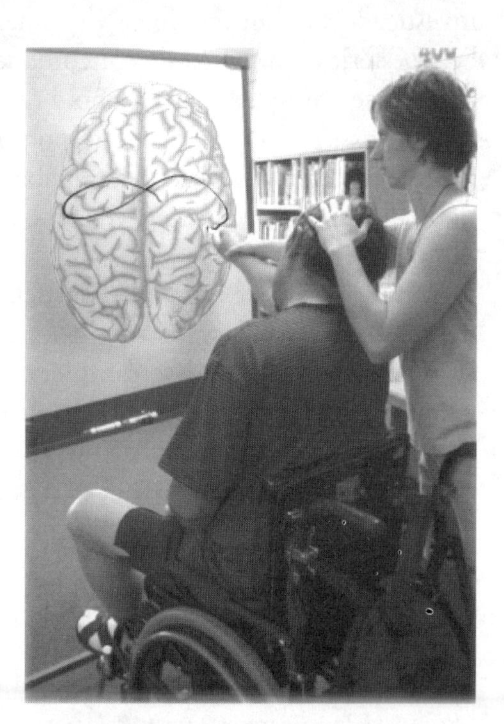

Una investigación demuestra que ambos hemisferios del cerebro se activan mientras se dibuja, se traza o se camina en un patrón de 8 infinito.

[36] Caine y Caine. *Making Connections: Teaching and the Human Brain*. Nashville, TN: Incentive publications, 1990.

[37] Aamodt, Sandra, Ph.D. y Wang, Sam Ph. D. (2001). *Welcome to Your Child's Brain: How the Mind Grows from Conception to College.* Nueva York, NY.

Los expertos en el cerebro usan matemáticas para identificar con precisión las partes del cerebro que corresponden a funciones específicas. Una investigación actual incluye un mapeo de nuestro cerebro tridimensional, a dos dimensiones, algo similar a trasladar de un globo terráqueo a un mapa. Sin embargo, debido a las muchas fisuras y pliegues en la superficie del cerebro, hacer un mapa de nuestros cerebros es algo más complejo que convertir un globo terráqueo en mapa. Los puntos del cerebro a distintas profundidades parecen muy juntos en una imagen convencional. Para desarrollar mapas del cerebro que distingan esos puntos, los investigadores usan topología y geometría, inclusive geometría hiperbólica y esférica. Un mapa de concordancia –que tiene la correspondencia entre el cerebro y su mapa plano y que no distorsiona los ángulos entre los puntos— es especialmente importante para tener una representación precisa del cerebro. Así como un mapa de la Tierra ayuda a la navegación, un mapa de concordancia sirve como guía a los investigadores en su afán de entender el cerebro.[38]

Un propósito de este libro, particularmente relevante a este capítulo del cerebro, es señalar al lector algunas fuentes que tratan de la investigación del cerebro y sus descubrimientos relacionados, de una forma más profunda (vea la bibliografía para autor e investigación).

Este capítulo ofrece un panorama sencillo de cómo podemos ver el cerebro y sus funciones cuando trabajamos con niños de todas las capacidades.

El concepto clave para recordar es que el cerebro necesita seguridad y estímulo para cambiar sus funciones protectoras dominantes y moverse a un estado organizado que apoye el crecimiento y desarrollo.

Aamodt y Wang (2011), en su libro *Welcome to Your Child's Brain* (*Bienvenido al cerebro de su hijo)*, aseguran que el mejor regalo que podemos dar a nuestro hijo es el autocontrol. Ellos apuntan que el autocontrol y otras funciones ejecutivas del cerebro (como la memoria de trabajo, el pensamiento flexible y resistir a la tentación de ir en automático) contribuyen al desarrollo de la función básica más importante del cerebro: la habilidad de controlar el comportamiento propio para alcanzar una meta.

---

[38] Para mayor información sobre mapas correspondientes, vea www.math.fsu.edu/-mhurdal/research/flatmap.html.

Cómo pensar acerca del cerebro

Una manera sencilla de pensar acerca del cerebro es ver cada una de sus diferentes regiones como si tuvieran distintas funciones. Cada parte sería una clase de mini cerebro independiente, controlando un aspecto de nuestro repertorio mental y de comportamiento: movimiento, emoción, ética, equilibrio, pensamiento matemático, etc. Esta idea es simple y atractiva. Los neurocientíficos han aprendido mediante una extensa observación y experimentación, que el cerebro no trabaja de una forma tan pulcra.

En este libro sólo nos encargaremos de las regiones básicas del cerebro, conocimiento que aplicaremos después a las tres dimensiones de la inteligencia. Cuando Paul Dennison, Ph.D., educador, investigador y confudador de Brain Gym® International,[39] llevó a cabo su investigación sobre el cerebro, probó a través de estudios clínicos que el movimiento causa que el cerebro se abra a nuevos aprendizajes. En *Dana Guide to Brain Health* (*Guía Dana para la salud del cerebro*),[40] Bloom afirma que el cerebro responde a la experiencia creando nuevas conexiones y nuevas funcionalidades. Este fenómeno o mecanismo se llama plasticidad. Debido a esta plasticidad, a medida que avanzamos en la vida, nuestros cerebros se vuelven cada vez más personalizados. Todo lo que encontramos se interpreta a la luz de lo que hemos visto antes. Esta personalización del cerebro da altura a la mente. Estamos en un momento emocionante en el que ya no pensamos en el cerebro como una colección estática de regiones anatómicas, ni como una mera masa de células genéricas y sustancias químicas. Ahora podemos dar una mirada al cerebro y ver su conformación y reconformación a cada momento de nuestras vidas. Es verdaderamente la parte más dinámica y personal de nuestros cuerpos. Y para estimular o calmar el cerebro, lo único que tenemos que hacer es movernos. Un escéptico podría decir: "Sí, claro. ¿Me estás diciendo que mi cerebro se afecta si muevo mi cuerpo?" Sí, es exactamente lo que estoy diciendo y lo que la investigación nos está diciendo.

---

[39] Vea en la bibliografía una lista de libros de Paul Dennison y Gail Dennison, o vea en www.braingym.com una descripción detallada de sus libros.

[40] Blom, *et. al. The Dana Guide to Brain Health.* Nueva York, NY; The Dana Foundation, 2003.

Regiones básicas del cerebro

Hay miles de libros sobre la fisiología del cerebro y sus partes anatómicas. Para los fines de este libro, lo expondremos muy simple. El siguiente gráfico describe los lóbulos del cerebro. Esta topografía del cerebro muestra la responsabilidad primaria de cada lóbulo, aunque entendemos que cada lóbulo se comunica con otras partes del cerebro.

Estructura básica del cerebro y sus funciones

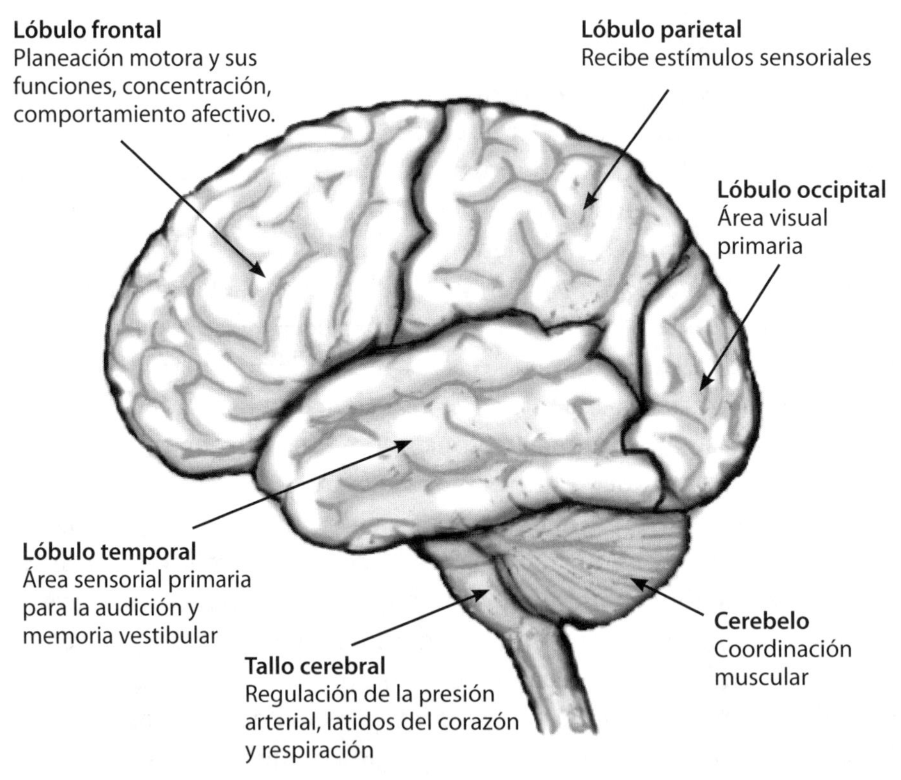

Fuente: www.med.harvard.edu/AANLIBI/home.html[41]

---

[41] Vea en www.med.harvard.edu/AANLIB/home.html una revisión más profunda de la estructura y funcionamiento del cerebro.

Las tres regiones corticales del cerebro

Las tres regiones corticales del cerebro son las sedes de las funciones sensorial, motora e integradora. Diagramas como el que sigue no deben engañarnos y hacernos pensar en estas funciones como aisladas, en sitios separados, anatómicamente independientes. La plasticidad y habilidad dinámica del cerebro para organizar significados, sentimientos y pensamientos es una sinfonía de interconexión e interacción. Nuestro trabajo es alcanzar esa interacción a través del movimiento.

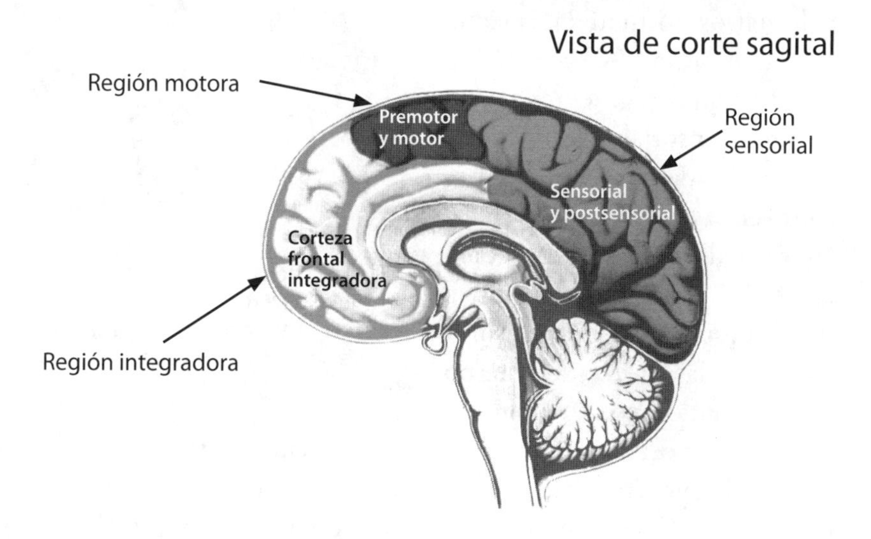

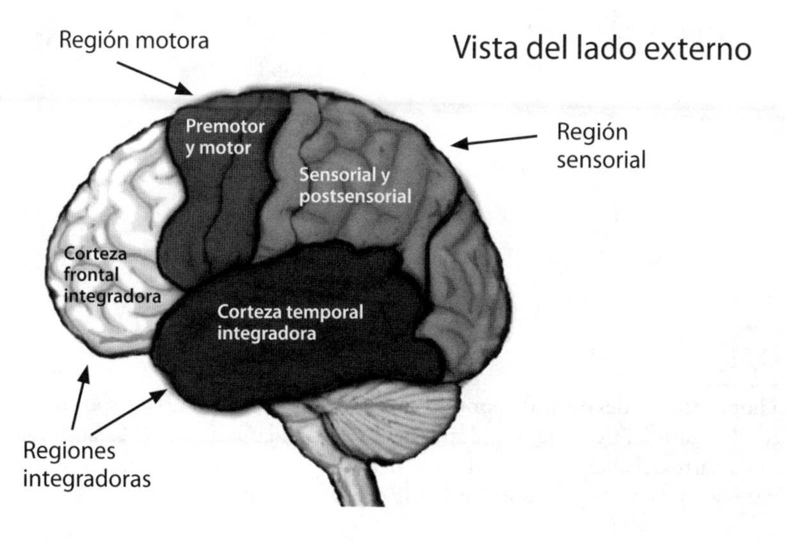

Sentir y mover el cuerpo

Dentro de la corteza, neuronas interconectadas que comparten una función están usualmente organizadas en columnas. La tira de columnas que procesa la sensación física del cuerpo es una corteza sensorial. Las columnas que gobiernan los movimientos voluntarios forman la cercana corteza motora.

Este mapa de cuerpo distorsionado se llama homunculus.[42] Representa el cuerpo en proporción en relación con la cantidad de corteza sensorial dedicada a cada parte del cuerpo.

Diferentes segmentos de las cortezas sensorial y motora conectan a cada parte del cuerpo. Más células cerebrales sensoriales se dedican a nuestros bien inervados labios y dedos, que a nuestra espalda y piernas. Similarmente, las partes del cuerpo que movemos con mayor habilidad, como la lengua y los dedos, ocupan un pedazo relativamente amplio de la corteza motora. Estos dibujos muestran el tamaño relativo de cada parte del cuerpo de acuerdo con la proporción de la corteza sensorial o motora dedicada a ello.

[42] La gráfica homunculus, desarrollada por un neurocirujano, representa el cuerpo en proporción con la cantidad de corteza sensorial dedicada a cada parte de él. Cuanto más grande es una parte del cuerpo en este dibujo, más poder cerebral está dedicado a controlarla. Vea www.pbs.org/wgbh/aso/tryit/brain/mapcortex.html.

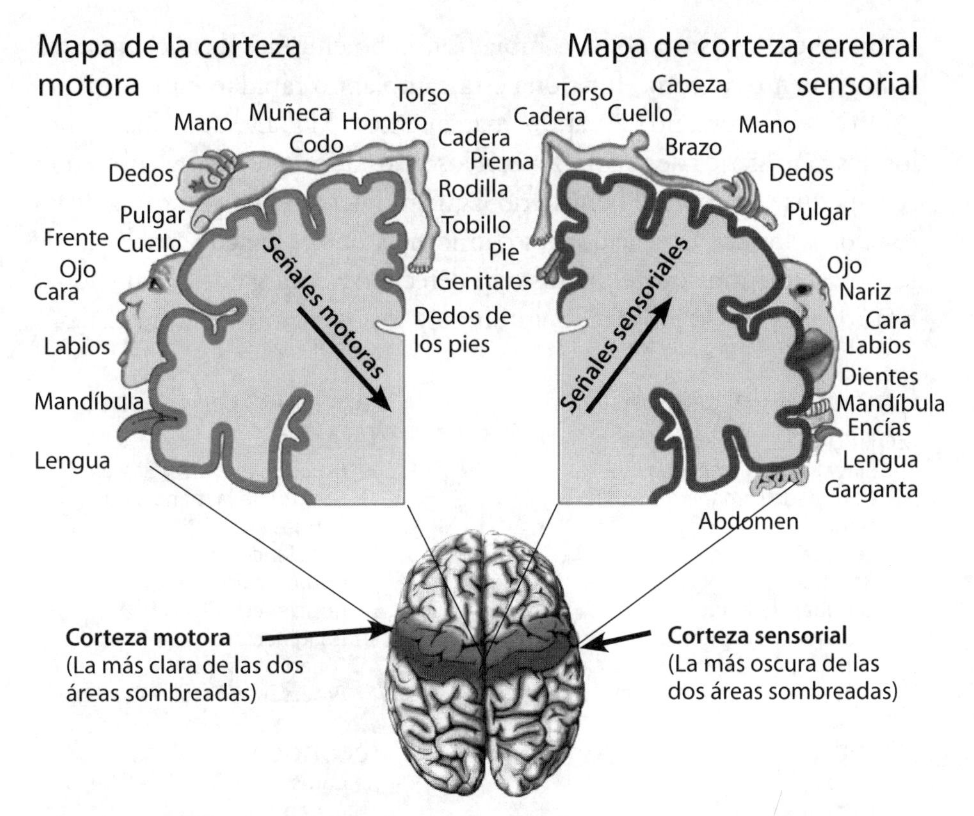

Los famosos mapas de Penfield[43] (Internet) muestran que cada parte del cuerpo está representada en dos tiras de la corteza cerebral.

De este conocimiento básico nos podemos mover a las áreas especializadas de la neocorteza y podemos ver dónde los hemisferios cerebrales son específicos en sus funciones.

Los investigadores que exploran la plasticidad del cerebro parten de esta premisa básica para desarrollar sus teorías del cerebro dinámico. La especialización hemisférica, como se presenta en este libro, nos da un "modelo de trabajo" de nuestro conocimiento actual. (Vea en la bibliografía más información e investigaciones recientes).[44]Aunque el cerebro

[43] Penfield, Wilder. El cirujano del cerebro Wilder Penfield, canadiense, comenzó en la década de 1940 a hacer mapas de la corteza motora del cerebro –el área que controla los movimientos de los músculos del cuerpo–. Encuentre más información acerca del cerebro y la corteza motora en www.pbs/wgbh/aso/tryit/brain.html.

[44] Investigaciones recientes (desde mediados de la década de 1980 hasta la fecha) indican que el cerebro es una parte dinámica del sistema nervioso central, responsable de la in-

humano en sí mismo no ha cambiado mucho en miles de años, nuestro conocimiento de cómo funciona está cambiando rápidamente.

El cerebro humano pesa aproximadamente 1.5 kg. Desde arriba, vemos los dos hemisferios de la corteza, con los vasos de sangre oscura cubriendo su superficie exterior. El hemisferio izquierdo del cerebro se encarga de las funciones humanas relacionadas con lo más lineal, lógico y analítico de las cosas, mientras que el hemisferio derecho se encarga de las funciones relacionadas con lo espacial, lo intuitivo y el procesamiento simultáneo.

Funciones del cerebro izquierdo

Lineal, lógico, analítico.
Control de la mano derecha
Habilidad numérica
Lenguaje escrito
Razonamiento
Lenguaje hablado
Habilidades científicas
Orientación al detalle
Procesamiento secuencial

Reconoce

Letras
Números
Palabras

Funciones del cerebro derecho

Espacial, intuitivo, Gestalt
Control de la mano izquierda
Formas
Conciencia artística
Comprensión
Conciencia musical
Imaginación
"Cuadro completo"
Procesamiento simultáneo

Reconoce

Caras
Lugares
Objetos

Cuando los hemisferios no están integrados, su función está desintegrada. Lo que experimentamos cuando estamos "atorados" en el hemisferio izquierdo es un comportamiento o un pensamiento mecánico, crítico, inflexible, dominado por las reglas y donde las ideas están bloqueadas. Si estamos "atorados" en el hemisferio derecho podemos experimentar un comportamiento o pensamiento caótico, hiperactivo. No tendremos percepción del tiempo y nos volveremos hipersensibles al cambio, al sonido, al color y al tacto.

Nuestra meta es la integración de ambos hemisferios para que esté presente la facilidad de aprender. El aprendizaje puede consistir en

---

terpretación de los impulsos sensoriales, la coordinación y el control de las actividades del cuerpo, y la expresión de emociones y pensamientos. Nuestra comprensión del cerebro está cambiando rápidamente mientras los neurocientíficos continúan explorando cómo el cerebro reúne e interpreta la información para lograr una comprensión más completa y un nuevo aprendizaje. Vea la bibliografía para nombres de autores-investigaciones.

aprender a hablar, caminar, alimentarse por sí mismo, sentarse en posición vertical, lanzar una pelota, andar en bicicleta, o bien, en aprender a leer o a mantener una conversación con otro ser humano. Cualquiera que sea el aprendizaje, queremos usar ambos hemisferios para poder acceder a todos los recursos que ambos tienen dentro de sí.

Una mirada detallada al aprendizaje con todo el cerebro

Las tres partes interconectadas de un todo: cerebro posterior, el cerebro medio y la neocorteza

Para los fines de este libro y para tener un conocimiento práctico del cerebro –es decir, un conocimiento que nos permita hacer elecciones adecuadas de movimientos para beneficiar a los niños de todas las capacidades– veremos las tres inteligencias y cómo se relacionan con las tres áreas del cerebro: cerebro posterior, cerebro medio y neocorteza.

La investigación actual apunta hacia un cerebro modular, con decenas de millones de diferentes redes neuronales, todas con su propia tarea asignada y todas intercomunicándose a lo largo del todo para crear un entorno cognitivo complejo. En la división del cerebro físico en tres secciones principales, cerebro posterior, cerebro medio (sistema límbico) y noecorteza, recordemos que aunque diferentes funciones se adscriben a diferentes partes, ninguna parte actúa sola. Las extensas redes nerviosas dejan que cada parte del cerebro se comunique e interactúe con muchas otras partes.

Cuando tratamos de elegir algo por sí mismo, nos parece que eso se engancha a todo en el universo.
John Muir[45]

[45] John Muir era un naturalista, escritor, conservacionista y fundador del Sierra Club. Vea www.sierraclub.org/john_muir_exhibit.html para leer sobre su vida y su legado.

Cerebro posterior

El cerebro posterior, relacionado con la inteligencia relativa a la atención (nuestra capacidad de enfocarnos o elegir participar), está orientado a la supervivencia y alberga cuatro partes principales. Maneja las funciones automáticas, como respirar y el ritmo cardiaco. Es la parte de acción más rápida del cerebro. No tiene sentido del tiempo, y será dominante en todo el cerebro cuando sus necesidades no estén satisfechas. Las cuatro partes principales del cerebro posterior son el tronco cerebral, el sistema de activación reticular (SAR), el sistema vestibular y el cerebelo.

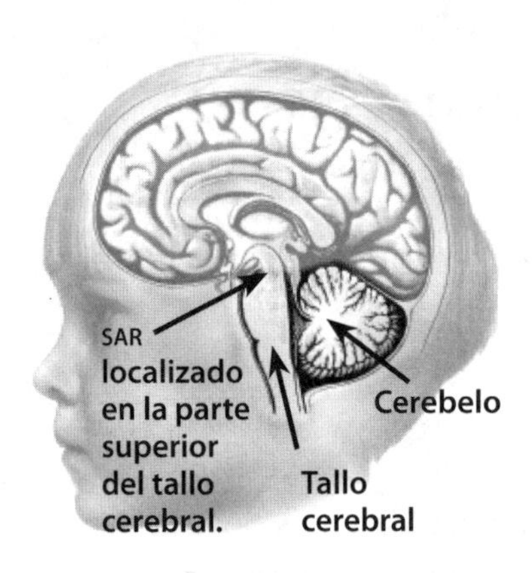

El sistema vestibular se localiza entre el cerebro y la oreja.

El tronco cerebral es responsable del soporte vital básico. Alberga nuestros centros de control de los sistemas digestivo, respiratorio y circulatorio. Tiene que ver con nuestra clásica respuesta de "congelamiento" por estrés. Todos los datos sensoriales viajan a través del tallo cerebral para alcanzar el sistema de activación reticular, localizado en la parte superior del tallo cerebral.

El SAR despierta al cerebro a todas las señales entrantes y filtra la información no esencial. Está conectado con el sistema vestibular y también actúa como un interruptor alterno que abre y cierra el razonamiento cortical superior. Aquí podemos ver claramente la extrema importancia de crear un espacio seguro para nuestros niños. El razonamiento

> **El aprendizaje y la memoria se basan en nuestra capacidad para hacer patrones a partir de la información sensorial.**
>
> Carla Hannaford[46]

[46] Hannaford, Carla. *Awakening the Child Heart: Handbook of Globarl Parenting*. Capitán Hook, HI: Jamilla Nur Pubishing, 2002; y *Playing in the Unified Field.* Salt Lake City, UT: Great River Books, 2010.

cortical superior se cierra cuando el SAR determina que la prioridad es sobrevivir, no desarrollarse.

El sistema vestibular, un grupo vestibular de células que son la base para la mayor parte del movimiento, se desarrolla aproximadamente a los tres meses en el útero. Los canales semicirculares dan poder al sistema vestibular y se usan para el oído y el equilibrio. Conectan con todos los músculos del cuerpo y los activan. El embrión responde al sonido 23 días después de la concepción.

El primer patrón –recordemos que el aprendizaje y la memoria se basan en nuestra capacidad para hacer patrones de la información sensorial– es el latido del corazón de la madre.

Cuando la madre está relajada durante la gestación, se crean patrones coherentes en el bebé. Esto se traduce más tarde en un aprendizaje cohesionado.[47] Por lo tanto, el funcionamiento eficiente del SAR y el sistema vestibular es esencial para la conciencia y el aprendizaje.

El cerebelo, adjunto a la parte trasera del tallo cerebral, se llama algunas veces el mini cerebro. Como centro de control de la motricidad ruda y fina, es vital para las funciones motoras de rutina, como caminar y equilibrarse, así como para los complicados y diestros movimientos que podrían requerir coordinación con la corteza frontal. El cerebelo también está ligado con nuestras emociones y muchos de nuestros mecanismos de supervivencia.

El cerebro medio (sistema límbico)

El cerebro medio regula la temperatura del cuerpo, la presión sanguínea y la selección de la memoria a largo plazo. Encontrar sentido a las relaciones personales, procesar las emociones, la memoria crucial y el aprendizaje también son funciones generadas en el cerebro medio. El intrincado cableado del cerebro medio muestra que para poder aprender y recordar algo, el cerebro necesita estímulos sensoriales, una conexión emocional personal y movimiento. En el modelo del cerebro triuno del

---

[47]Hannaford, Carla. *Awakening the Child Heart: Handbook of Globarl Parenting*. Capitán Hook, HI: Jamilla Nur Pubishing, 2002; y *Playing in the Unfield Field.* Salt Lake City, UT: Great River Books, 2010.

doctor Paul MacLean,[48] el cerebro medio se llama cerebro límbico. El sistema límbico tiene nexos con la neocorteza, lo que permite los procesos emocional-cognitivos.

También trabaja en sintonía con el cuerpo para provocar las señales físicas de las emociones, como ruborizarse de vergüenza y reír de alegría. Las emociones del sistema límbico también determinan la liberación de neurotransmisores que fortalecen o debilitan nuestro sistema inmunológico.

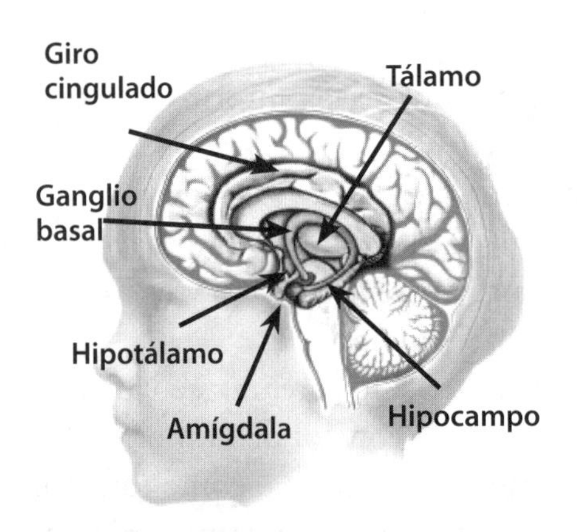

El intrincado cableado del cerebro medio muestra que para poder aprender y recordar algo, el cerebro necesita estímulos sensoriales, una conexión emocional personal y movimiento.

El sistema límbico consta de seis estructuras principales: el tálamo, el hipotálamo, el ganglio basal, la amígdala, el hipocampo y el giro cingulado.

El tálamo actúa como una estación repetidora para todos los sentidos entrantes, menos el olfato.

El hipotálamo controla la temperatura normal del cuerpo, la ingesta de alimentos, la sed, y los estados de despertar y dormir.

El ganglio basal conecta y orquesta los impulsos entre el cerebelo y el lóbulo frontal, por lo que ayuda a controlar el movimiento del cuerpo. Es vital para nuestra memoria de los patrones del movimiento basados en el pensamiento, inclusive los patrones del ojo y el lenguaje. Es la entrada más importante al razonamiento superior cortical y es la clave para la acción intencional consciente.

La amígdala tiene nexos con las áreas involucradas en los procesos cognoscitivos y sensoriales, así como con aquellas involucradas con los estados del cuerpo relacionados con la emoción. Nos ayuda a reconocer las expresiones faciales y el lenguaje corporal, y almacena la memoria relacionada con el miedo y la ansiedad.

---

[48] Paul MacLean, investigador científico del National Institute of Mental Health, hizo contribuciones significativas a la comprensión del cerebro humano. Su libro tuvo profundas implicaciones para enseñar y aprender a lo largo de la vida. Una extensa síntesis de su trabajo aparece en su libro *The Triune Brain in Evolution*. 1990. Para obtener más información, vea también www.kheper.net/topics/intelligence/MacLean.html.

El hipocampo usa el estímulo sensorial para formar la memoria de corto plazo. La memoria de corto plazo, con la activación de la red nerviosa en el hipocampo, puede intervenir en el almacenamiento de la memoria a largo plazo en el cerebro.

La giro cingulado se localiza justo enfrente y arriba del cuerpo calloso de la línea media en ambos lados del cerebro, inmediatamente debajo del área motora suplementaria. La actividad de esta región se relaciona con la expresión emocional. Esta parte del cerebro nos permite cambiar nuestra atención de un pensamiento a otro y de un comportamiento a otro. Eric Jensen afirma en su trabajo[49] sobre los cerebros frágiles que "un estudiante con un cerebro lento tiene dificultad para vincular causa y efecto. La dificultad es el resultado de la ingestión prenatal de toxinas y drogas que su madre consumió durante el embarazo. Los estudiantes con trastorno de oposición desafiante sufren un desequilibrio químico en el giro cingulado. Los estudiantes deprimidos tienen un problema biológico con base cerebral, correlacionado con la herencia y con la vulnerabilidad a los traumas estresantes de la vida."

La neocorteza

La neocorteza es responsable de nuestra habilidad para razonar y reunir nuestras percepciones. La creatividad de alto nivel, así como el pensamiento conceptual, racional e intelectual, tienen lugar en la neocorteza. Esta parte del cerebro monitorea la socialización, la memoria y el juicio, y es la supervisora que controla los instintos primitivos y las emociones alojadas en la parte más profunda del cere-

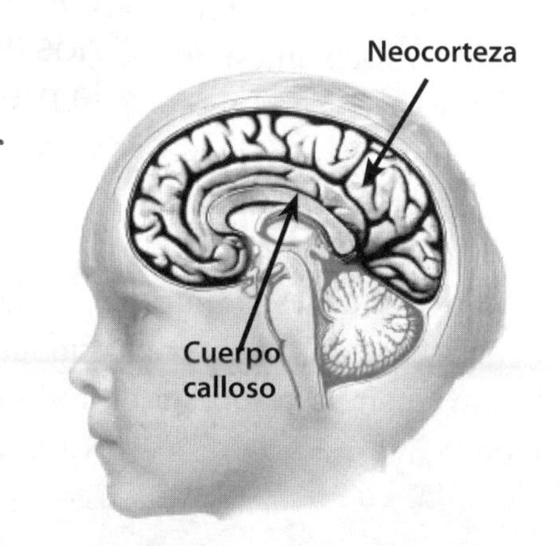

La neocorteza es responsable de nuestra habilidad para razonar y reunir nuestras percepciones.

[49] Eric Jensen es el creador del aprendizaje basado en el cerebro y ha desarrollado excelentes referencias al respecto. Vea www.jensenlearning.com para aprender más sobre este programa y para informarse sobre libros y talleres.

bro. Consta de dos mitades o hemisferios, izquierdo y derecho, unidos por una gruesa banda de células nerviosas y tejido conectivo, llamado cuerpo calloso.

El gráfico de la p. 60 muestra que las funciones normalmente se asignan a un hemisferio o a otro, pero en realidad la responsabilidad de la mayoría de las tareas es compartida por ambos hemisferios. Corrientes de información integradas cruzan el cuerpo calloso entre los hemisferios.

Nuestra neocorteza también está zonificada, como se ve en el diagrama de la p. 56, titulado: "Estructura básica del cerebro y sus funciones". La comunicación neuronal viaja entre estas zonas mientras hacemos asociaciones conscientes entre todos los sentidos, el movimiento, el habla y nuestro banco de memoria. La neocorteza busca asociaciones y patrones. En un estado sin estrés, el lóbulo frontal es responsable del pensamiento crítico y la planeación. Es en esta área que planeamos para el futuro. Esta área del cerebro puede ser altruista. Puede elevarse por encima de la clásica respuesta estrés supervivencia, que de otra forma controlaría nuestras vidas, y hacer elecciones para un bien mayor, más que para la simple seguridad personal. El lóbulo frontal es donde habita la verdadera función de hacer elecciones, y es la clave para la respuesta de todo el cerebro.

> La Gimnasia para el cerebro (Brain Gym®) activa los centros más importantes en el cerebro con el movimiento. El movimiento nos ayuda a guardar las cosas en la memoria. El movimiento hace crecer el cerebro.
>
> Carla Hannaford[50]

> El cerebro puede reconectarse a través de movimientos específicos.
>
> John Martin[51]

[50] Carla Hannaford es maestra certificada y actualizada (mayo, 2003) para la formación de instructores del programa Brain Gym® International. Es una investigadora-educadora-neurocientífica que ha escrito varios libros sobre aprendizaje basado en movimiento. Ella también imparte clases-talleres a través de la Brain Gym® International Foundation.

[51] Martin, John. (2003, 1989). *Neuroanatomy: Text and Atlas*. Nueva York, NY. Este libro es para los estudiantes de los primeros años de medicina y además de estar impreso, se pueden encontrar versiones interactivas en línea. John Martin es profesor de neurobiología clínica y comportamiento en la Universidad de Columbia, en Nueva York.

certificada y actualizada (mayo, 2003) para la formación de instructores del programa Brain Gym® International. Es

Escaparate de oportunidades

La tabla delinea algunos puntos de referencia del desarrollo natural. Como todos nos desarrollamos a nuestro propio ritmo y en nuestro tiempo perfecto, la siguiente información provee sólo una aproximación. Esta información proviene del trabajo sobre movimiento y aprendizaje[52] de la neurobióloga Carla Hannaford.

El cerebro posterior

Edad: concepción-15 meses

- Necesidades básicas de sobrevivencia
  - Comida, refugio, seguridad.
- Etapas del desarrollo sensorial
  - Sistema vestibular, oído, tacto, olfato, gusto y visión
- Estados del desarrollo motor
  - Reflejos-Activación de los músculos centrales
  - Músculos del cuello
  - Brazos y piernas, ser capaz de rodar, sentarse, gatear, caminar
  - Exploración motora

Cerebro medio

Edad: 15 meses- 4-5 años

- Comprensión
  - De sí mismo y de otros
  - De sus emociones y las de otros
  - De su lenguaje y el de otros
- Exploración emocional
  - Exploración del lenguaje-comunicación
  - Imaginación
  - Habilidad motora ordinaria
  - Desarrollo de la memoria
  - Desarrollo social

La neocorteza

Edad: 4.5-7 años

- Elaboración hemisférica gestalt
  - Procesamiento del "cuadro completo"-cognición
  - Imaginar el movimiento-ritmo-emoción-intuición
  - Expresión externa-pensamiento integrador

Edad: 7-9 años

- Elaboración del hemisferio lógico
  - Procesamiento de detalle y lineal-comprensión
  - Refinamiento de elementos del lenguaje
  - Desarrollo de las habilidades de leer y escribir
  - Desarrollo técnico: música, arte, deportes, danza, entrenamiento manual
  - Procesamiento de matemáticas lineales

---

[52] Carla Hannaford, *Smart Moves: Why Learning is Not all In Your Head.* Salt Lake City, UT: Great Rivers Books, 2005, 1995; *Aprender moviendo el cuerpo.* México: Pax-México, 2009. También Lise Elliot, *What's Going On In There?* Tiene numerosos talleres sobre embarazo y crecimiento y desarrollo del infante. Vea www.awomanswork.com/bookstore.php que tiene más información sobre los talleres de Lise Elliot.

Edad: 8 años

Elaboración del lóbulo frontal
Desarrollo motor fino, refinamiento de habilidades
- Diálogo interno, control del comportamiento social
- Asociación motora fina del ojo para seguir una trayectoria y enfoque foveal (enfoque de dos dimensiones)

Edad: 9-12 años

Incremento de la elaboración del cuerpo calloso y mielinización
- Procesamiento de todo el cerebro
- Ocurre una "poda": las neuronas no utilizadas se redistribuyen para otras tareas o se eliminan (son absorbidas por el sistema)
- Los idiomas extranjeros se aprenden más fácilmente antes de los 10 años
- Patrones complejos, gramática, ortografía, naturaleza técnica de la música

Edad: 12-16 años

Énfasis hormonal
- Aprendizaje sobre el cuerpo, uno mismo, otros, comunidad, significado de la vida a través de la conciencia social.

Edad: 16-21 años

Refinamiento de las destrezas cognitivas
- Procesamiento del todo mente-cuerpo
- Interacción social
- Planeación del futuro
- Jugar con nuevas ideas y posibilidades

Edad: + 21

Elaboración y refinamiento del lóbulo frontal
- Refinamiento de las habilidades motoras finas
- Percepción
- Sistemas de pensamiento global
- Razonamiento formal de alto nivel
- Refinamiento de las emociones: altruismo, amor, compasión

Capítulo seis

Aprendizaje basado en movimiento y las convulsiones

"Nuestra intención con el aprendizaje basado en movimiento es usar movimientos simples para desenmarañar la actividad caótica del cerebro, para que el niño vuelva a su funcionamiento normal".

CECILA KOESTER, 2004.

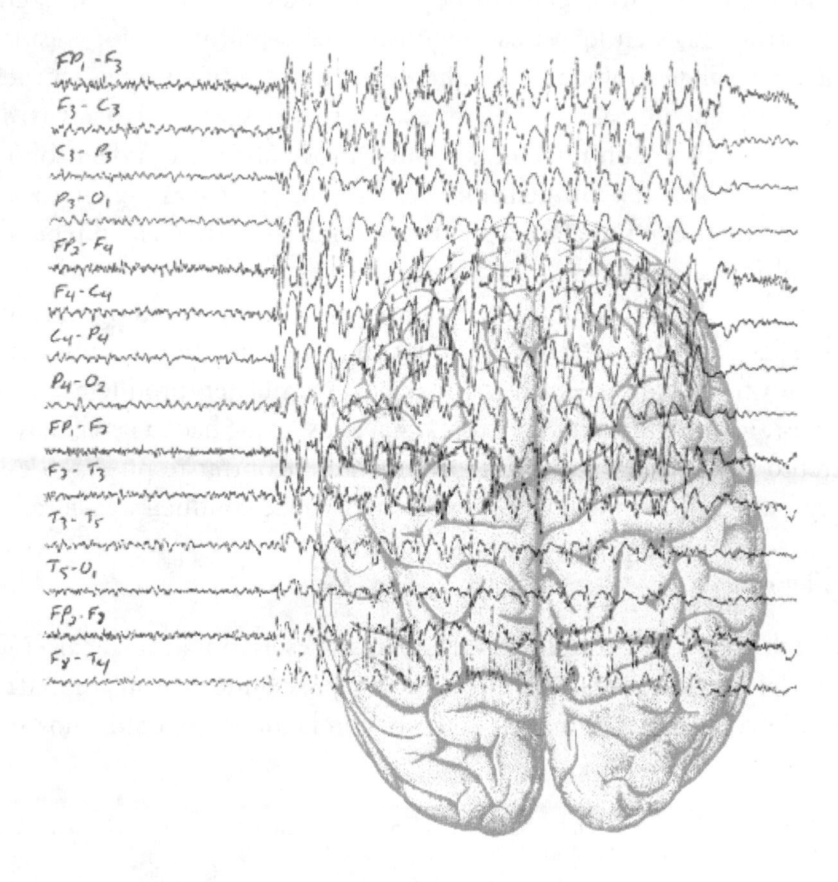

Convulsiones

Una convulsión es un repentino, breve ataque, causado por una descarga eléctrica anormal en el cerebro. Se experimenta como una alteración de la conciencia (perdiendo el conocimiento por un minuto) y movimientos involuntarios.

Durante la convulsión, las células del cerebro de una persona se disparan sin control, afectando temporalmente su comportamiento, movimientos, pensamientos o sentimientos. Esta activación anormal puede involucrar toda la corteza cerebral (convulsión primaria generalizada), o puede comenzar en un área del cerebro y afectar sólo una región limitada (convulsión parcial o enfocada).

Muchas condiciones pueden desencadenar una convulsión, incluso una lesión o trauma en la cabeza; tumores cerebrales; infecciones, especialmente meningitis o encefalitis; condiciones genéticas, y anormalidades estructurales en los vasos sanguíneos del cerebro. Las convulsiones pueden resultar también de una fiebre muy alta (convulsiones febriles), o de un golpe de calor; privaciones severas del sueño, diabetes (si los niveles de azúcar son muy altos o muy bajos), abstinencia de alcohol o drogas, o reacción a un medicamento. Algunas personas tienen un solo ataque provocado por alguna razón desconocida. Otros tienen repetidas convulsiones, de nuevo sin explicación.

A pesar de los dramáticos avances científicos, muchas preguntas sobre las convulsiones continúan sin respuesta: ¿por qué comienzan?, ¿cuánto tiempo después los traumas pasados pueden producir convulsiones?, ¿cómo influyen los factores genéticos?, ¿qué hace a las células del cerebro susceptibles? La investigación para encontrar respuestas a estas preguntas está en marcha y con el tiempo puede conducir a la cura.[53]

Epilepsia

La epilepsia es una condición de convulsiones espontáneas recurrentes, que típicamente surgen sin provocación y usualmente son impredecibles. Puede surgir de una variedad de condiciones y mecanismos sub-

[53] Bloom, Beal, Kupfer. The Charles A. Dana Foundation. *The Dana Guide to Brain Health*. Nueva York, NY, 2003.

yacentes, pero en la mayoría de los casos, tanto en niños como en adultos, no tiene ninguna causa. Hay dos tipos principales de ataques de epilepsia: generalizado y parcial. En los ataques generalizados, la activación anormal de las células del cerebro comienza en ambos lados del cerebro casi al mismo tiempo. Los ataques parciales son el tipo más común de epilepsia, y afectan aproximadamente al 70% de las personas que padecen la enfermedad. Un ataque parcial comienza con una actividad anormal en una parte localizada del cerebro y se asocia con la alteración de la conciencia. Alrededor del mundo, 45 millones de personas padecen epilepsia y cada año de 125,000 a 150,000 norteamericanos son diagnosticados con esta condición. Cerca de 30% son niños.

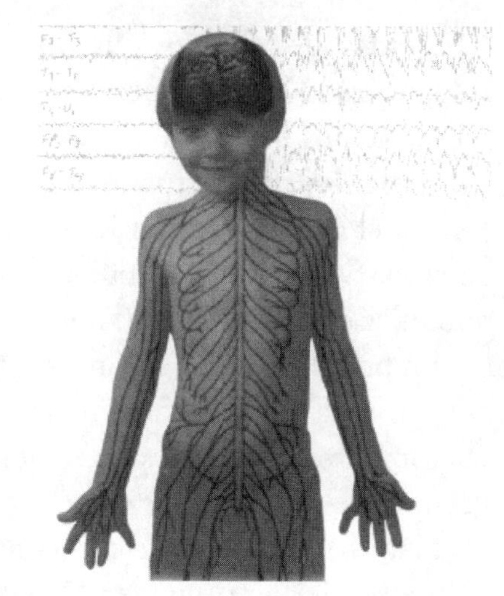

Las convulsiones afectan todo el sistema neurológico del cuerpo. Estas ráfagas de energía eléctrica del cerebro pueden causar que un niño pierda el conocimiento y contracciones musculares masivas, o si sólo una parte del cerebro es afectada, puede alterar el comportamiento, los movimientos y pensamientos del niño, de una manera más sutil.

Estudios recientes de Mia Levite, neurobióloga del Instituto Weizmann de Ciencia, en Rehovot, Israel y de la Universidad de Tel Aviv, en 2003, indican que algunas convulsiones pueden ocurrir cuando el cuerpo produce anticuerpos contra una proteína clave en el cerebro. Esto podría ampliar las estrategias de diagnóstico y las posibilidades terapéuticas para tratar un componente autoinmune en la epilepsia.

Tratamiento

No existe un tratamiento disponible en la actualidad que pueda curar la epilepsia. Por lo tanto, el tratamiento de la epilepsia se reduce a tres objetivos principales:

- Eliminar las convulsiones o reducirlas lo más posible.
- Evitar los efectos secundarios de los medicamentos.
- Ayudar a la persona a restaurar o mantener un estilo normal de vida.

Desde que sabemos que una fuerte y clara base de la función neurológica es lo que nos permite acceder a la información en nuestro cerebro, hemos llegado a entender que a través del aprendizaje basado en movimiento, en la actualidad somos capaces de desenredar, hasta cierto punto, el caos que causa la desinformación o el fallo en las células del cerebro. Es a través del cerebro bien organizado que el niño es capaz de aprender eficiente y exitosamente.

En pocas palabras, si somos capaces de participar, comprender y sentir, centrada y equilibradamente, y de tener el control del cerebro y el cuerpo para las acciones intencionales, entonces somos capaces de procesar.

Si la "tormenta eléctrica" (convulsión) ocasiona que el sistema mente-cuerpo del niño viva en el caos, podemos comprobar si la solución reside en construir un fundamento neurológico fuerte, para que podamos desenredar este fluir neurológico caótico. Podemos crear la base con las que llamo bloques de avtividades que construyen la estructura interna.

Una vez que el niño experimente un sistema neurológico más estable, podemos movernos hacia movimientos contralaterales más complejos que crucen la línea media de procesamiento del cuerpo.

Guía general para el conocimiento sobre las convulsiones

La primera vez que uno ve a un ser amado experimentando una convulsión, puede ser muy atemorizante, especialmente si se trata de un niño. Aquí damos algunos pasos para asegurarse de que se llegue al mejor resultado posible:

- Protege la cabeza de la persona afectada para que no se golpeé con algo duro.
- Asegúrate de que el conducto respiratorio permanezca libre. Despeja la nariz y la boca si es necesario y tira de la cabeza ligeramente hacia atrás para enderezar el cuello. La respiración artificial es necesaria raras veces.
- No metas nada en la boca, ni medicina ni un objeto destinado a mantener abierta la boca o a evitar las mordeduras de la lengua (las

cuáles ocurren raramente). Meter algo puede causar más daño que lo que pretende prevenir.

- Si hay fiebre alta, baja la temperatura con un baño de esponja.

Una persona que se recupera de una convulsión probablemente estará confusa y atemorizada, además de cualquier síntoma físico, como la somnolencia. Ofrece tu apoyo y confianza y sigue el protocolo médico.[54]

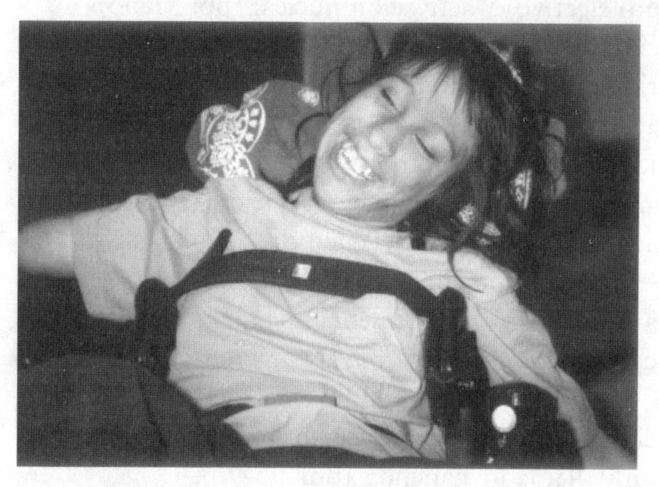

Los niños propensos a las convulsiones se benefician en gran medida con el aprendizaje basado en movimiento.

Aprendizaje basado en movimiento respecto de las convulsiones

Lo mejor es trabajar con un médico cuando se trata con niños propensos a las convulsiones. Además, las siguientes sugerencias ofrecen una guía que puede, con el tiempo, reducir la frecuencia, intensidad y duración de las convulsiones.

Recuerda: usamos siempre movimientos para desenredar la actividad caótica del cerebro para que el niño pueda volver a su funcionamiento normal. Cuando logramos una reducción significativa de la actividad

[54] Para obtener más información acerca de la epilepsia viste la Fundación para la Epilepsia en www.epilepsyfoundation.org

convulsiva, puede ser necesario ajustar o por lo menos vigilar, el medicamento para la convulsión. Esta es otra razón por la cual estar en contacto con un médico.

Aplicación del aprendizaje basado en movimiento en niños propensos a las convulsiones

1. Para preparar el aprendizaje: agua (hidrata el cerebro para un procesamiento efectivo) y activación nuclear (pp. 31-35)
2. Radiación desde el ombligo (pp. 43-46)
3. Recorrido espinal (columna) (pp. 49-50)
4. Golpeteo craneal (pp. 46-48)
5. Marcha unilateral (vea foto y p. 101)
6. Inicialmente, evita los movimientos que cruzan la línea media vertical del cuerpo.
7. Sigue el protocolo médico. Si un niño tiene una convulsión en tu presencia, siempre sigue el protocolo médico (vea las sugerencias de la p. 72). Coloque al niño en el ejercicio de la Gimnasia para el cerebro (Brain Gym®) llamado ganchos (pp. 95-96). demás, coloca suavemente tus dedos en la frente del niño, en los puntos positivos de la Gimnasia para el cerebro (p. 99), puede relajar el reflejo de actuar sin una planeación consciente cuando se está bajo estrés.

Movimiento unilateral (muñeco) se recomienda para niños que padecen convulsiones

Una pregunta frecuente es: ¿cómo sé cuándo un niño que comienza con el programa de los movimientos unilaterales en el aprendizaje basado en movimiento está listo para pasar a los movimientos cruzados lateralmente? No hay receta que seguir. Debemos observar, notar, practicar y confiar. Consulta con otros profesionales que puedan tener cierta percepción de cuando un niño está listo para movimientos que cruzan la línea media de procesamiento del cuerpo.

Capítulo siete

Uso de la terminología anatómica para expresar el funcionamiento cerebral simple

"Ver el aprendizaje desde la perspectiva dimensional,
nos permite crear de forma más sencilla,
un fundamento para un espacio de aprendizaje
con base en el desarrollo neuronal."

CECILIA KOESTER, 2004

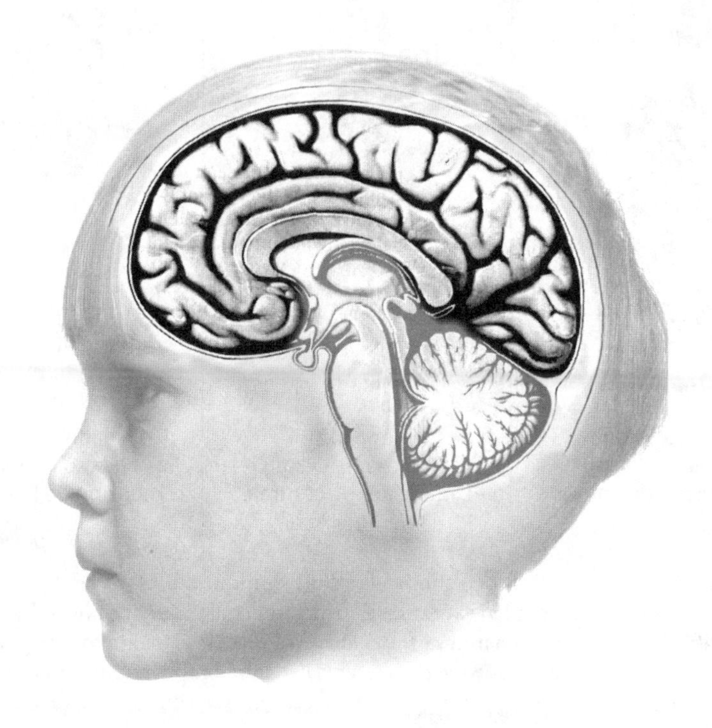

Planos corporales anatómicos

Los profesionales de la medicina suelen referirse a las secciones del cuerpo con el término de planos anatómicos (superficies planas). Estos planos son líneas imaginarias, verticales y horizontales, elaboradas a lo largo de un cuerpo de pie. Los investigadores-educadores Gail Dennison y Paul Dennison, Ph.D. utilizan palabras específicas para tres dimensiones de movimiento y aprendizaje que se relacionan con estos planos. Para simplificar, su terminología: enfoque, centraje y lateralidad serán utilizadas en este libro.[55] La información contenida es aplicación y comprensión de estos conceptos por parte de Cecilia Koester.

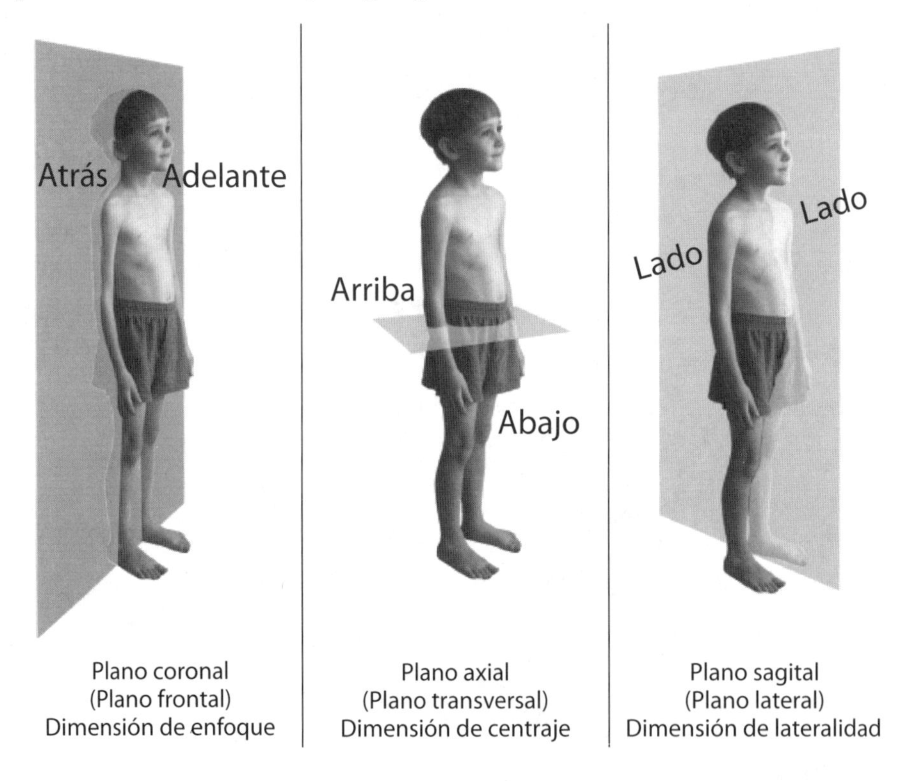

Plano coronal (Plano frontal) Dimensión de enfoque	Plano axial (Plano transversal) Dimensión de centraje	Plano sagital (Plano lateral) Dimensión de lateralidad

[55] Vea en la bibliografía una lista de libros de Paul Dennison, Ph.D. y Gail Dennison o visítese www.braingym.com para ver una descripción detallada de sus libros. En la década de 1980 los Dennison acuñaron la frase "dimensiones de movimiento y aprendizaje". Las tres dimensiones a las que hacen referencia se usan ampliamente en el campo médico, la terapia física, los deportes, etcétera. Al usar estos términos para describir la cognición y el aprendizaje, los Dennison llevaron el concepto a los educadores y terapeutas para su aplicación práctica en ambientes académicos y clínicos. Las actividades de Gim-

Primera dimensión del aprendizaje en su correlación con el desarrollo cerebral

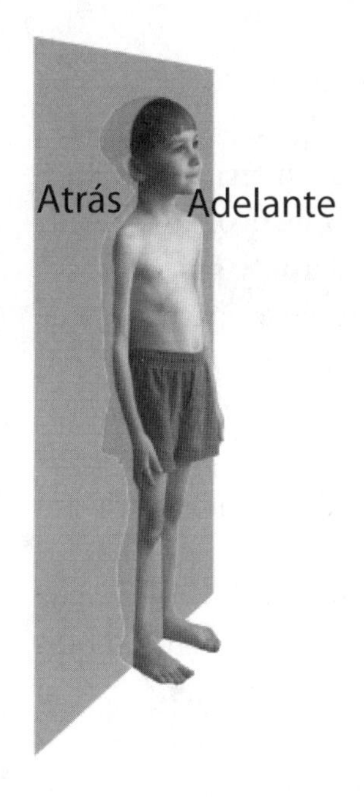

Plano coronal (Plano frontal) Dimensión de enfoque

La dimensión de enfoque se relaciona con la integración del tallo cerebral y la neocorteza. Coordina el frente y la espalda del cuerpo del niño, ayuda a su atención y comprensión y educa a su sistema neurológico para los patrones de movimiento originados en la columna, la alineación postural, la colocación en el espacio y las capacidades expresivas del lenguaje (hablar, escribir, cantar). Dentro de esta dimensión del aprendizaje también desarrollamos nuestra habilidad para decidir si participamos o nos retiramos de un reto determinado. En el modelo de kinesiología educativa de Dennison, la línea media de este plano recibe el nombre de línea media de participación.[56]

Atrás-y-adelante

Conciencia espacial y sensorial

Movimiento de la columna

Se relaciona con la habilidad del niño para comprender y participar

El movimiento en esta dimensión mejora la comprensión y la generación del habla

---

nasia para el cerebro (Brain Gym®) son parte del programa ofrecido por la Brain Gym® Intenational Foundation. Encuentre más información vea www.braingym.org. En este libro, la autora usa tres de los 26 movimientos descritos en el sitio web mencionado.

[56] Paul Dennison, Ph.D.,y Gail Dennison popularizaron el término kinesiología educativa. Al ir obteniendo conocimiento clínico acerca del movimiento en el campo educativo, comenzaron a utilizar términos claros y precisos para describir las tres líneas medias dimensionales.

Segunda dimensión del aprendizaje en su correlación con el desarrollo cerebral

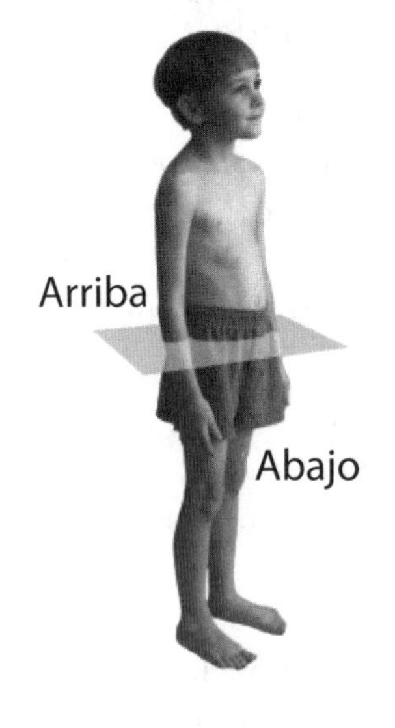

Plano axial (Plano transversal)

Dimensión de centraje

La dimensión de centraje se vincula con la integración del mesencéfalo y la neocorteza. Coordina la parte superior del cuerpo y sus secciones con la inferior y sus elementos en patrones que suben y bajan y se originan en el movimiento homólogo. Dentro de esta dimensión de aprendizaje desarrollamos nuestra habilidad para organizarnos, estabilizarnos y establecernos en relación con lugares, objetos y otras personas. La dimensión de centraje ayuda a la integración vertical de la mente y el cuerpo del niño, auxilia en tranquilizarlo, centrarlo y aumenta su conciencia de sí mismo, su organización y, en consecuencia, sus capacidades académicas. Los Dennison llamaron a la línea media de este plano línea media de estabilización.[57]

Arriba-y-abajo

Conciencia de sí mismo

Movimiento homólogo

Se relaciona con la habilidad del niño para organizar y estabilizar.

El movimiento en esta dimensión mejora la organización y el procesamiento emocional.

---

[57] Dennison. *Ibíd,*

Tercera dimensión del aprendizaje en su correlación con el desarrollo cerebral

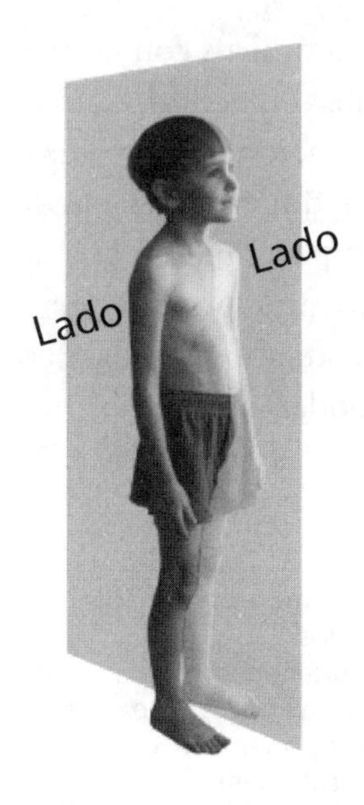

Plano sagital (Plano lateral)

Dimensión de lateralidad

La dimensión de lateralidad se relaciona con la integración de los hemisferios cerebrales derecho e izquierdo. Coordina ambos lados del cuerpo para moverse libremente a lo largo de la línea media derecha-izquierda del cuerpo. Construye habilidades fundamentales originándose en la dimensiones de enfoque y centraje. Dentro de esta dimensión de aprendizaje desarrollamos capacidades para el movimiento y la comunicación, cruciales para la motricidad fina y todo movimiento corporal, la visión binocular, la audición binaural y el pensamiento abstracto. Los Dennison llamaron a la línea media derecha-izquierda línea media de procesamiento.[58]

Arriba-y-abajo

Integración y expresión del conocimiento

Movimiento unilateral

Se relaciona con la habilidad del niño para procesar información y comunicarse

El movimiento en esta dimensión mejora la comunicación y el razonamiento

---

[58] Dennison. *Ibíd,*

Darse cuenta a través de las lentes de las tres dimensiones

Habiendo revisado cómo se relacionan los planos anatómicos con las tres dimensiones de aprendizaje, ahora procedemos a utilizar esta información para decodificar el comportamiento y diseñar intervenciones apropiadas. Observar a un niño a través de las lentes de las tres dimensiones puede incrementar y aclarar aspectos de su desarrollo y comportamiento que de otra manera podríamos haber perdido de vista o encontrado incomprensibles. En lugar de imponer o impresionar, cuando actuamos con base en los conocimientos adquiridos por ese percibir, empoderamos al niño de una manera que sirve de fundamento al desarrollo neurológico futuro.[59]

Percibir	La dimensión de enfoque coordina las partes frontal y posterior del cerebro y el cuerpo del niño, ayuda a su atención, al proceso sensorial y a la comprensión. Es la base neurológica para la rectitud postural y las capacidades expresivas del habla, la escritura y el lenguaje.	• ¿Recibe el niño información confiable a partir de sus sentidos? • ¿Es el mundo un lugar peligroso para él o se siente seguro para involucrarse en las actividades que proponemos? • ¿Busca la estimulación para el movimiento de atrás a adelante? • ¿Necesita actividades que le sirvan para su integración en la dimensión de enfoque?
Sentir	La dimensión de centraje apoya la integración vertical del cuerpo y el equilibrio entre los centros racional y emocional del cerebro. Es la base neurológica para la autoconciencia, la autorregulación emocional, la organización y las consecuentes habilidades académicas.	• ¿Conduce la actitud del niño hacia el aprendizaje? • ¿Está el niño cansado, frustrado o sobre estimulado? • ¿Se encuentra el niño "por todos lados", "hecho pedazos" o "fuera de sí"? • ¿Necesita integrarse en la dimensión de centraje?

[59] Dennison. *Ibíd.*

Saber	La dimensión de lateralidad fomenta la integración de los hemisferios cerebrales izquierdo y derecho. Es la base neurológica para las habilidades de comunicación, la visión binocular, la audición binaural y la capacidad de moverse libremente a través de la línea media corporal de procesamiento.	• ¿Puede el niño pensar y comunicarse con claridad? • ¿Utiliza ambos ojos y ambos oídos para ver y escuchar? • ¿Puede el niño cruzar fácilmente la línea media derecha-izquierda del cuerpo al mover sus miembros y sus ojos? • ¿Qué pasa con el lenguaje? • ¿Necesita integrase en la dimensión de lateralidad?

Deseamos constantemente integrar las dimensiones mientras estructuramos y evaluamos nuestro trabajo con un niño. ¿Comprende, se organiza y comunica con mayor facilidad después de las actividades del aprendizaje basado en movimiento? Los conceptos de percibir, sentir y saber deben estar siempre presentes en nuestras mentes mientras evaluamos su progreso. Cuando engranamos nuestras intervenciones con el nivel de desarrollo del niño en las tres dimensiones, nuestra elección de actividades tendrá como objetivo, precisamente, las áreas en las que se sienta listo para ser un aprendiz automotivado y más diligente. Entonces, comenzará a usar su cuerpo de una manera que activará toda su mente.

Prioridades de desarrollo respecto de las tres dimensiones de aprendizaje

Enfoque

"¿Dónde estoy en el espacio?"

Esta dimensión incluye:

- La experiencia del movimiento en respuesta a la estimulación de los sentidos, como la luz, el sonido, el aroma o la humedad.
- La experiencia de estar seguros dentro de nuestros cuerpos.
- La experiencia del movimiento a través de la activación de los propioceptores musculares –las "neuronas" del músculo que nos ayudan a ubicar nuestros miembros y las partes relacionadas dentro de un espacio físico–.
- La experiencia de relajarse y acceder a la musculatura adecuada para descansar, sentarse, caminar u otros movimientos sin activar comportamientos reflejos.
- Un sentido de límites físicos.

Centraje

"¿Dónde estoy en relación con otras personas, lugares y objetos?

Esta dimensión incluye:

- Un sentido de balance y equilibrio –la capacidad de sentir la verticalidad de nuestros cuerpos en relación con la gravedad–.
- La capacidad de experimentar nuestro tamaño y peso en el espacio.
- La capacidad de sentir el centro de nuestro cuerpo como punto de referencia para las direcciones –arriba, abajo, atrás, adelante, izquierda, derecha, adentro, afuera–.
- Un sentido de nuestro interior y una habilidad para contener sentimientos y sensaciones, reconociéndolas como propias.
- Un sentido de conexión con el mundo exterior.
- La habilidad de coordinar el uso de ojos y manos.

Lateralidad

"¿Quién soy?"
"¿Qué es eso?"

Esta dimensión incluye:

- La capacidad para coordinar ambos lados del cuerpo.
- La habilidad para centrar ambos ojos a la vez en el campo visual.
- La capacidad de seguir visualmente un objeto a través de la línea media corporal.
- La habilidad para hacer coincidir las pistas visuales con la información auditiva, táctil y vestibular.
- La capacidad de discriminar los sonidos para poder interiorizar y procesar la información auditiva.
- Una curiosidad por las diferencias y similitudes entre las personas y los objetos.
- La habilidad para usar el habla y el lenguaje (ambos, hablado y en el pensamiento) para describir nuestras necesidades y representar nuestras experiencias.

FUENTE: Koester, Cecilia (Freeman) y Gail Dennison. *I Am the Child Using Brain Gym® With Children Who Have Special Needs*. Reno, NV: Movement Based Learning, inc., 1998, 2010.

Dimensiones de aprendizaje e inteligencias correspondientes

Dimensión de enfoque
Inteligencia de la atención

¿Dónde estoy en el espacio?

Dominará todo el cerebro para satisfacer sus necesidades

- Primera en desarrollarse
- Observar, participar, anticipar, comprender.
- Controla funciones automáticas, como la respiración y el ritmo cardiaco.
- Facilita las capacidades visuales.
- Está conectada con el sistema vestibular.
- Abre y cierra el acceso a los centros de razonamientos más complejos.
- Inmovilizar, luchar (supervivencia: agresividad-violencia) o huir.
- Recibe toda la información de los sentidos (receptiva).

Estoy a salvo

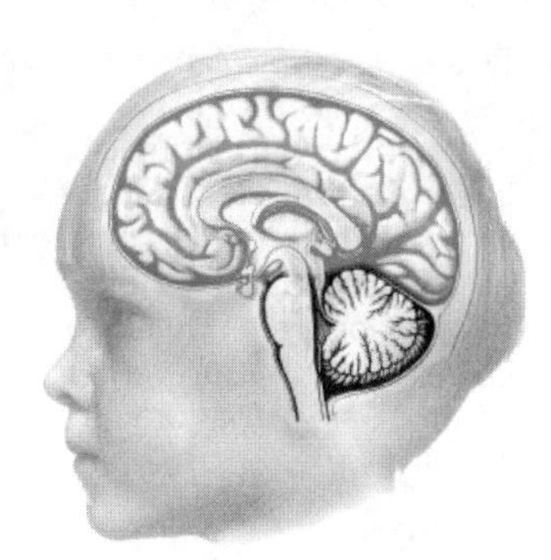

Cerebelo-Sistema reticular activador (SRA)-Tallo cerebral

Dimensión de centraje
Inteligencia emocional

¿Dónde estoy en relación con otras personas, lugares y objetos?

Toda la información es retransmitida a través de esta zona del cerebro.

- Segunda en desarrollarse.
- Sentir, estabilizar, organizar.
- Ayuda en la conversión de la memoria a corto plazo en la de largo plazo.
- Genera respuestas de placer-ansiedad.
- Liberar hormonas.
- Lucha o huida (actitud defensiva).
- Relacionarse, amar, jugar.

Me conecto

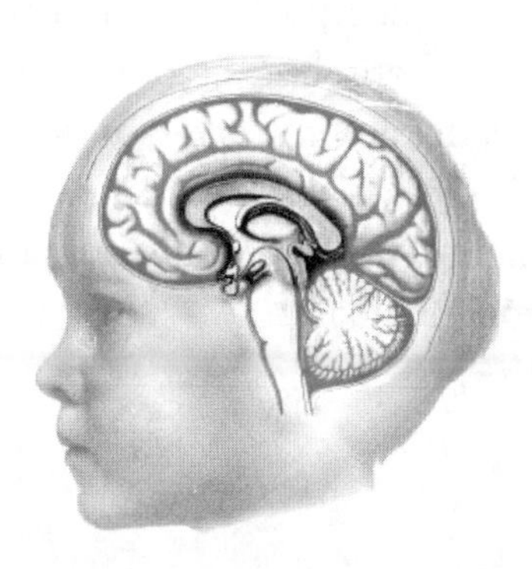

Tálamo-Hipotálamo-Amígdala-Glándula pineal-Glándula pituitaria-Ganglio basal-Hipocampo

Dimensión de lateralidad
Inteligencia de la información

¿Quién soy? ¿Qué es eso?

Poco flujo de información entre ambos lados = des-integración.

- Tercera en desarrollarse, alcanza su desarrollo completo hasta los 8 años.
- Pensar, procesar, comunicar.
- Interpreta todos los sentidos.
- Nos permite formar el complejo memoria-pensamiento-razón.
- Adquisición del lenguaje.
- Expresión (verbal, no verbal, escrita).
- Centros Gestalt (panorama completo) y lógico (detalles).

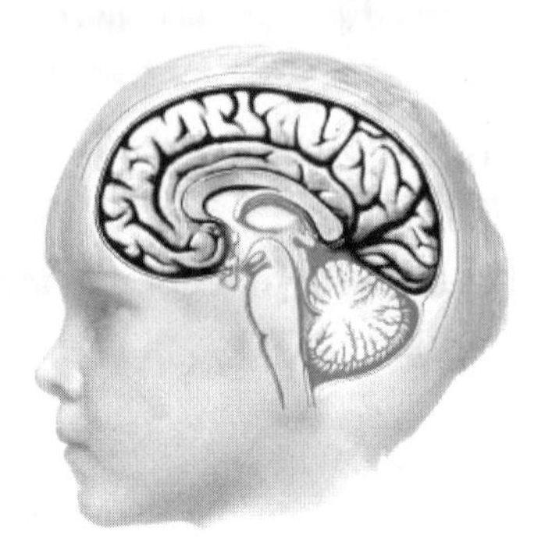

Corteza cerebral-Cuerpo calloso

Sé quién soy

Fuente: Información tomada de los libros de Paul Dennison, Ph.D., Gail Dennison y Kari Swanson Coady, MAT, consultora de Gimnasia para el cerebro (Brain Gym®)[60].

A continuación hay un resumen conceptual de la integración del sistema mente-cuerpo. La postura física y el lenguaje corporal se correlacionan para el aprendizaje de cerebro total o con todo el cerebro. Las actividades del aprendizaje con base en el movimiento (ABM) presentes en este libro están diseñadas para estimular, relajar, estabilizar o liberar (plenamente integrado) al sistema mente-cuerpo, para trasmitir la experiencia con facilidad.

[60] El trabajo de los Dennison también fue pionero en relacionar las tres dimensiones de aprendizaje con áreas cerebrales específicas. Kari Swanson Coady, una estudiante de su trabajo, amplió las vías de presentación de estos conceptos.

El cuerpo →	El sistema mente-cuerpo	← El cerebro
 Adelante y atrás	**Dimensión de enfoque** **Palabra clave:** Comprensión **Línea media:** Línea media de participación **Actividades ABM:** Mejora la comprensión, producción del habla y el lenguaje. **Pregunta:** ¿Dónde estoy en el espacio? **Aprendizaje primario:** Diferenciación entre adelante y atrás; la capacidad de prestar atención. **Patrón de movimiento:** Movimiento de la columna desde la cabeza hasta el coxis. **Sensible a:** Supervivencia, seguridad, necesidades básicas.	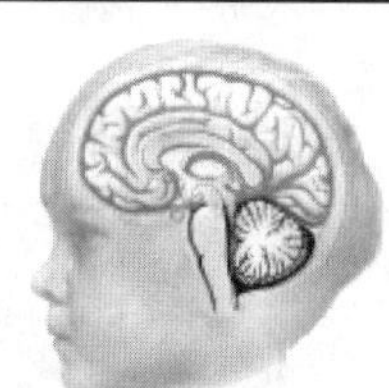 Lóbulos frontales de la neocorteza en la parte posterior del cerebro.
 Arriba y abajo	**Dimensión de centraje** **Palabra clave:** Organización. **Línea media:** Línea media de estabilización. **Actividades ABM:** Mejorar los procesos organizativo y emocional. **Pregunta:** ¿Dónde estoy en relación con otras personas, lugares y objetos? **Aprendizaje primario:** Diferenciación entre arriba y abajo: habilidad para actuar. **Patrón de movimiento:** Movimientos homólogos de ambas manos y pies a la vez. **Sensible a:** Emoción, interacción.	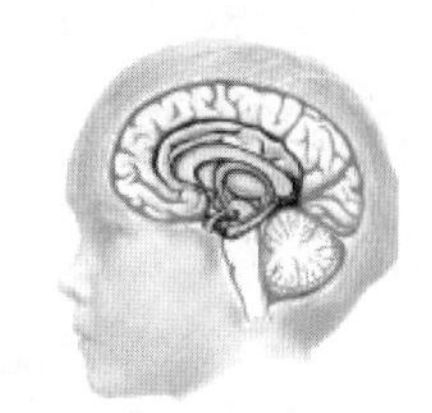 Arriba y abajo
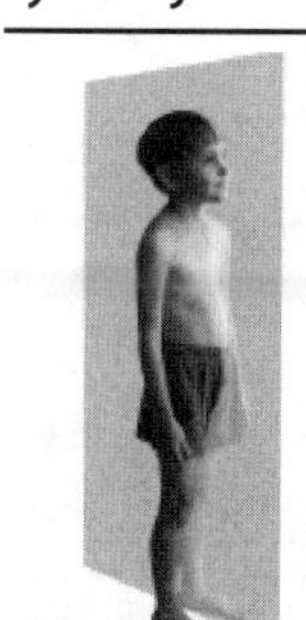 Lado a lado	**Dimensión de lateralidad** **Palabra clave:** Comunicación. **Línea media:** Línea media de procesamiento. **Actividades ABM:** Mejorar la comunicación y el razonamiento. **Pregunta:** ¿Quién soy? ¿Qué es eso? **Aprendizaje primario:** Diferenciación entre derecha e izquierda; capacidad para entender. **Patrón de movimiento:** Movimiento unilateral de brazo, pierna, cadera y hombro de un mismo lado del cuerpo. **Sensible a:** Expresión, interpretación.	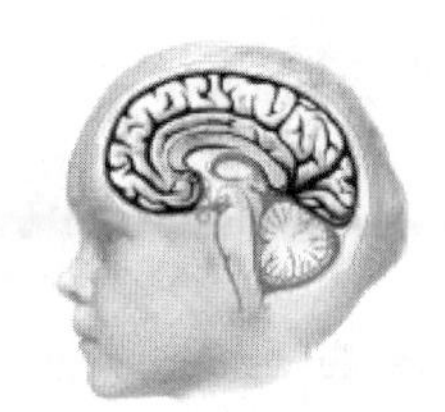 Hemisferios izquierdo-derecho de la neocorteza

NOTA: (Vea Dennison & Dennison, 1997, y Johnson, 2002.) Esta página presenta una sinopsis de las páginas anteriores. Otros autores que han investigado en este terreno donde

Un vistazo a los conceptos

Como con una gota de agua en un lago sereno, el efecto de los círculos interiores se irradiará hacia afuera para entrar en las otras dimensiones.

Estos diagramas con círculos concéntricos muestran, de un vistazo, qué parte del cerebro se relaciona con cada concepto.

Dimensiones en relación con sus patrones de movimiento

Parte del cerebro y función principal

---

los Dennison son pioneros se encuentran en la bibliografía. El investigador/educador/autor Eric Jensen, por ejemplo, cuenta con un interesante sitio web y muchas publicaciones. La idea de utilizar el movimiento para mejorar la fluidez natural neurológica del sistema mente/cuerpo ha sido ampliamente investigada por los neurocientíficos desde mediados de la década de 1990. Se ha aceptado rápidamente, y demostrado con esta investigación, que los seres humanos aprendemos a través de la experiencia. Movimientos específicos pueden ser experimentados por el sistema mente/cuerpo, activando así al cerebro. Esta motivación puede generar una mente dinámica dentro de la cual el aprendizaje puede llevarse a cabo con alegría y facilidad.

Pregunta dimensional y su conocimiento correspondiente general

Ubicación en el cerebro y afirmación

Dimensión y línea media

FUENTE: La idea gráfica fue tomada de la original en la conferencia de Paul E. Dennison. La consultora de Gimnasia para el cerebro (Brain Gym®), Kari Swanson Coady, aplicó las dimensiones a las gráficas de círculos concéntricos después de ver el video de una presentación de Paul Dennison.

Abordando la integración a través de las tres dimensiones de aprendizaje

Como hemos visto, nuestro objetivo final con un niño es que entre en una relación de aprendizaje en la cual desarrolle recursos dentro de su propio ámbito experimental. Finalmente el niño "aprenderá a aprender" con más facilidad e incluso en forma independiente.

Nuestro deseo es integrar participación, sentimientos y razonamiento dentro de la experiencia de aprendizaje del niño. Queremos asegurar que abordamos las tres áreas: comprensión, organización y comunicación. Subsecuentemente, el niño será capaz de acceder simultáneamente a las tres dimensiones de la inteligencia. Será capaz de moverse de la atención al sentimiento, del sentimiento a la intención y de la intención a la acción. ¡Qué felicidad!

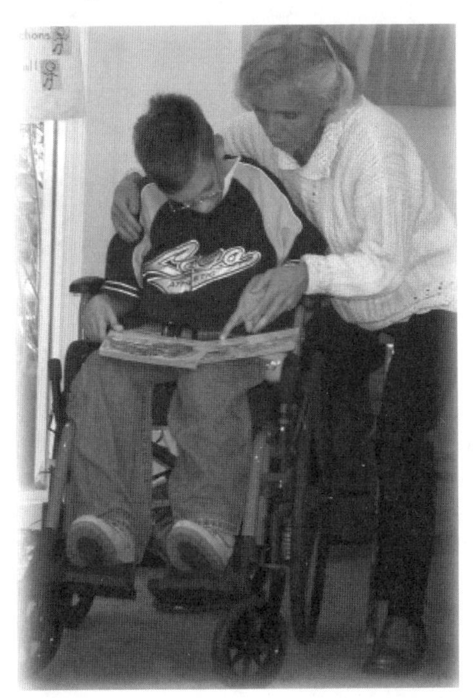

El niño se organiza solo en su silla de ruedas mientras se compromete con habilidades más complejas en la lectura.

Proceso de evaluación con concientización

El niño yace sobre su espalda, con las manos descansando a los lados de su cuerpo.

Concientiza lo que percibes, sientes y sabes

Dimensión de enfoque:

Haz que el niño balancee su cuerpo hacia adelante y hacia atrás, sentado o parado. Mueve su cuerpo si necesita ayuda. Si no puede sentarse o pararse, explora visualmente su cuerpo en posición supina. Concientiza (imagina) si es capaz de sentir la parte delantera de su cuerpo (piernas, estómago, pecho, rostro). ¿Se da cuenta del peso de su espalda contra el piso?

Nota qué **sensaciones** se vuelven conscientes.

Dimensión de centraje:

Haz que el niño se mueva arriba y abajo, sentado o parado. Mueve su cuerpo si necesita ayuda. Si no puede sentarse o pararse, explora visualmente su cuerpo en posición supina. Concientiza (imagina) si es capaz de sentir su cuerpo de la cabeza a los pies y de los pies a la cabeza. ¿Se facilita más en una dirección que en la otra? ¿Se siente distinto en la mitad superior que en la inferior?

Nota qué **sentimientos** se vuelven conscientes.

Dimensión de lateralidad:

Haz que el niño se meza de lado a lado, sentado o parado. Señala su cuerpo si necesita ayuda. Si no puede sentarse o pararse, explora visualmente su cuerpo en posición supina. Concientiza (imagina) si es capaz de diferenciar entre los dos lados de su cuerpo. ¿Experimenta ambos lados como iguales o como distintos?

Nota qué **conocimiento** puede estar volviéndose consciente

Conceptos correlacionados con cada dimensión:

Dimensión de enfoque – Percibir
Dimensión de centraje – Sentir
Dimensión de lateralidad – Saber

Preguntas para abordar la comprensión, la organización y la comunicación

Comprensión

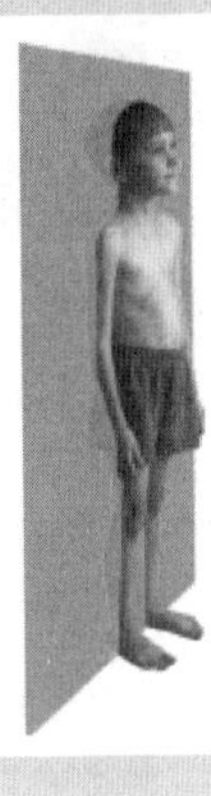

a. ¿Dónde está el niño en el espacio? ¿Adelante o detrás de la línea media de participación?

b. ¿Qué imagino que puede estar percibiendo el niño?

Organización

a. ¿Dónde está el niño en relación con otras personas, lugares y objetos?

b. ¿Qué imagino que puede estar sintiendo el niño?

Comunicación

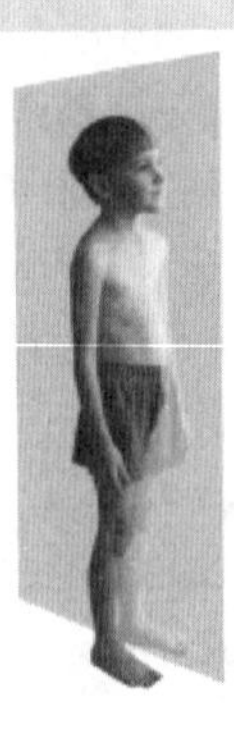

a. ¿Quién es el niño o qué es el objeto?

b. ¿Tiene habilidad para comunicarse consigo mismo o con otros?

c. ¿Qué imagino que piensa o sabe el niño?

Controles y evaluación del aprendizaje multidimensional

Dimensión de enfoque

a. El niño se mece de atrás hacia adelante.
b. Toca o recorre con la vista las rodillas del niño, el sacro y el occipital, para observar la tensión o el bajo tono muscular.
   c. Pide al niño que:
      1. Ponga toda su atención en una actividad.
      2. Comprenda en qué consiste ésta.
      3. Observe los detalles de la tarea mientras comprende que es sólo parte de algo más grande.

Comprensión

Dimensión de centraje

a. El niño se balancea de arriba abajo.
b. Pide al niño que piense en hacer algo que considere difícil.
c. El niño camina mientras el facilitador se fija en su postura y en cómo acomoda su cuerpo al avanzar.
d. El niño organiza objetos.

Organización

Dimensión de lateralidad

a. El niño se mueve de lado a lado.
b. Ojos:
   1. El niño mira hacia arriba, abajo, izquierda, derecha.
   2. El niño lee.
   3. El niño sigue con la vista un objeto en el aire o la luz de un rayo láser en una superficie.
c. Orejas: El niño voltea la cabeza hacia la izquierda, luego a la derecha.
d. Escritura y motricidad fina:
   1. El niño escribe letras del alfabeto.
   2. El niño escribe sus pensamientos durante un minuto
   3. El niño puede practicar cualquier actividad de motricidad fina, p.ej. autoalimentarse.

Comunicación

"¿Cómo?" Glosario para actividades de aprendizaje con base en movimiento

Esta sección presenta instrucciones acerca de cómo realizar las actividades de los bloques que construyen la estructura interna y las de aprendizaje con base en movimiento y algunas sugerencias para su modificación. Algunas de estas actividades sólo pueden experimentarse en forma activa, otras sólo pasivamente y algunas de ambas formas. Permite al niño moverse independientemente si es capaz. Si no, puedes asistirlo, movilizarlo con los ejercicios o adaptar éstos. Los cambios sólo se mencionan brevemente, sobre todo para inspirar futuras investigaciones. Sólo mantén en mente el propósito de cada movimiento, usa tu imaginación y sentido común, monitorea la respuesta del niño y las modificaciones adecuadas se darán fácilmente.

Para mejorar la comprensión, el habla y la riqueza del lenguaje

Reeducación de los músculos del pie. Comenzando en el empeine, toma el pie del niño con los dedos gordos o índices, presionando el tejido, y saca ligeramente. Sostén por ocho segundos con la intención de relajar el sistema de tendones del pie. Repite tres o cuatro veces en cada pie en los puntos a lo largo del empeine. Después, a lo largo de la planta. Termina frotando entre los tendones que conectan con los dedos del pie del niño.

Para mejorar el proceso organizativo y emocional

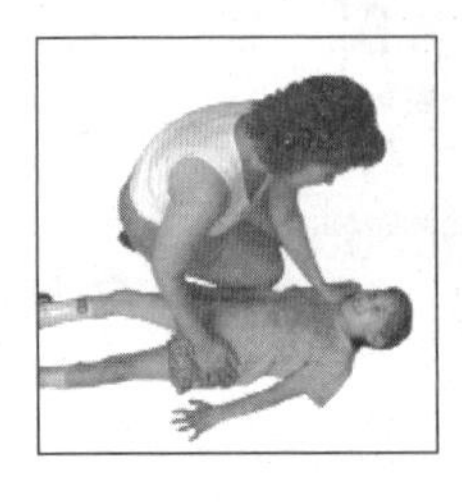

Activación nuclear. Activa. El niño mueve sus hombros y caderas, respondiendo a cuando tú le pides: "empuja mis manos y pon resistencia". Pasiva: Tú mueves los hombros y caderas del niño. Puedes hacer activación nuclear pasiva o activa con el niño acostado, sentado, parado, o incluso, moviéndose. La secuencia aquí presentada es relativa al desarrollo. De cualquier modo, tu meta es solamente crear conciencia. Cualquier combinación hecha rítmicamente es beneficiosa.

Paso 1. Empuja, después tira

1. Cada hombro y cada cadera individualmente
2. Los hombros simultáneamente; después las caderas simultáneamente.
3. El hombro y la cadera derechos, simultáneamente. Después el hombro y la cadera izquierdos simultáneamente,
4. El hombro derecho y la cadera izquierda simultáneamente. Después, el hombro izquierdo y la cadera derecha simultáneamente.

Paso 2. Empujar uno mientras se tira del otro

1. Empuja un hombro mientras tiras del otro. Cambia de lado. Haz lo mismo con las caderas.
2. Empuja el hombro derecho mientras tiras de la cadera derecha. Cambia de lado. Haz lo mismo con el lado izquierdo.
3. Empuja el hombro derecho mientras tiras de la cadera izquierda. Cambia de lado. Haz lo mismo con el otro hombro y la otra cadera.

Modificaciones: Si el niño no resiste con sus hombros, usa la **liberación del hombro y tronco** para crear una conexión neutral más fuerte. Si el niño no resiste con sus caderas, usa **8s pélvicos.**

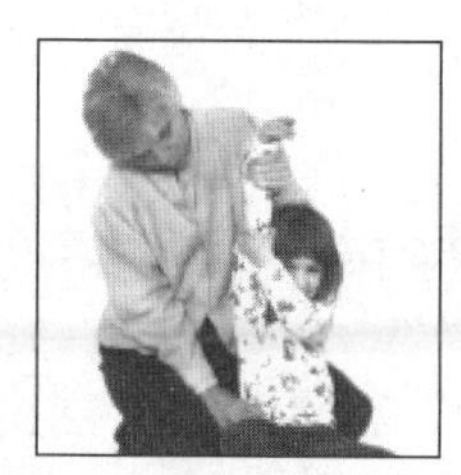

Liberación del hombro y tronco: El niño se sienta o se acuesta en el suelo. Pon una mano en el antebrazo y la otra mano en la cadera del mismo lado. Estira el tronco y la zona del hombro tirando del antebrazo mientras empujas contra su cadera. Mantente así por 8 segundos. Descansa. Repite 6 u 8 veces de cada lado.

8 pélvicos: El niño se tiende boca arriba en el suelo. Detén sus piernas y muévelas haciendo la forma de un 8. Repite 7 u 8 veces en cada dirección.

Después de la liberación del hombro y tronco y/o los 8 pélvicos, regresa a la activación nuclear.

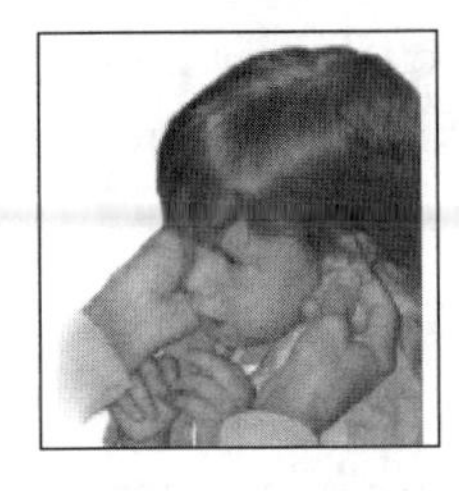

Masaje en las orejas. Con los dedos pulgares e índices, tira suavemente de las orejas del niño y desenróllalas. Comienza arriba de las orejas y masajea suavemente hacia abajo, terminando en los lóbulos. Repite 3 veces. Puede que, jugando, el niño prefiera una oreja a la vez.

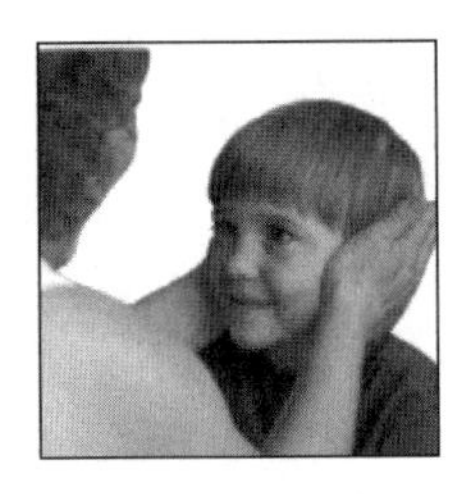

Despertar de oídos. Haz este procedimiento de pie (es más fácil), sentado o acostado.

1. Pon las manos sobre las orejas del niño después de humedecer las palmas para crear más succión (opcional).
2. Empuja las manos rápidamente hacia adentro y hacia fuera, continuamente hasta que se oiga un ruido, como chirridos.

Nota: Si el niño tiene tubos en los oídos, checa con un profesional para asegurarte de que el procedimiento es adecuado. Si hay mareo (generalmente debido a la intensa estimulación vestibular), sostén la región occipital de la cabeza del niño para acelerar la recuperación del equilibrio.

Activación de ojos. El facilitador sigue los siguientes pasos:

1. El niño elige rojo o azul.
2. Oprime simultáneamente los dos puntos del pecho, del área occipital, o de la cara.
3. Haz las siguientes acciones con un objeto pequeño del color elegido, tres veces cada uno.

a. Columpia el objeto de cerca a lejos y de lejos a cerca.
b. Una trayectoria, de lado a lado y de arriba a abajo.
c. Una trayectoria circular en el sentido de las manecillas del reloj, y contra las manecillas del reloj.
d. Una trayectoria diagonal.
e. Las palmas sobre los ojos por 20 segundos.

Modificación: Juegos de linterna

Juego de linterna. Algunas veces el niño es incapaz de realizar la activación ocular porque sencillamente le resulta demasiado compleja. Esto suele deberse a la necesidad de mayor práctica durante el desarrollo de las capacidades físicas para mirar.

Procedimiento del juego de linterna. En un cuarto completamente oscuro, pon al niño frente a ti o siéntalo en tu regazo.

1. Enciende la linterna para que se muevan los ojos del niño siguiendo la marca en el techo o en la pared. Pídele a niño que encuentre la marca
2. Apaga la linterna inmediatamente después. Apunta la linterna a una dirección diferente y enciéndela. Pídele a niño que de nuevo siga la marca de luz.
3. Continúa de 30 a 60 segundos, según la capacidad del niño para prestar atención.
4. Una vez que el niño es capaz de encontrar la marca de luz con la vista, comienza a moverla en trayectorias con patrón, de arriba abajo, de izquierda a derecha, diagonalmente. Recuerda apagar la linterna entre cada barrido.
5. El último paso en los juegos de linterna es darle al niño su propia linterna, y pedirle que siga tu marca de luz en la pared o el techo con la de su linterna. Apaga la linterna entre barridos.

Nota: Puede tomar tres semanas alcanzar este último paso. Sigue la destreza del niño y el nivel de actividad.

Modificación: Un rayo láser puede usarse también como una herramienta de trayectoria del ojo para un niño con habilidades limitadas.

Ganchos (actividad de Gimnasia para el cerebro (Brain Gym®). **Parte Uno:** Cruza un tobillo sobre el otro. Cruza la mano del mismo lado sobre la otra. Las palmas se tocan y los pulgares señalan hacia abajo. Entrelaza los dedos y coloca las manos sobre el pecho. Relaja y respira tres o cuatro veces con la lengua pegada al paladar. Cambia de posición. Modificación: Simple, dile date "un fuerte abrazo a ti mismo". El facilitador puede colocar sus pies a los lados de los talones cruzados del niño para estabilizarlo.

Parte Dos: Descruza las piernas y deja los pies en el suelo. Descruza las muñecas y haz que las yemas de los dedos se toquen. Respira profundamente tres o cuatro veces. **Modificación:** El facilitador puede sostener las manos del niño juntas.

Radiación desde el ombligo. Para esta secuencia, el niño puede estar acostado (es mejor), sentado o parado. El procedimiento que se indica está basado en la posición acostado boca arriba. Si el niño prefiere la posición boca abajo, sustituye "espalda baja" en lugar de "ombligo" y "coxis" por "unos cuantos centímetros bajo el ombligo".

Puntos individuales

1. Usa ambas manos para trazar una trayectoria desde el ombligo, hasta la parte alta de la cabeza y de vuelta al ombligo. Después, unos centímetos abajo del ombligo y de regreso al ombligo.
2. Pon las manos en el ombligo del niño. Una mano se queda en el ombligo mientras la otra traza trayectorias de arriba a abajo, en cada miembro individual y de regreso al ombligo.

Patrón homólogo

1. Comienza con una mano en el ombligo mientras la otra traza trayectorias hacia arriba del brazo, hacia las yemas de los dedos y de regreso al ombligo.
2. Haz trazos a las yemas de los dedos del otro brazo y de vuelta al ombligo
3. Ahora, mientras una mano permanece en el ombligo, traza una trayectoria de una pierna a los dedos del pie y de vuelta al ombligo, con la otra mano.
4. Traza trayectorias de los dedos de los pies de la otra pierna y vuelva al ombligo.

Repite los pasos 3 y 4 dos veces más.

Patrón unilateral

1. Comienza con una mano en el ombligo, mientras tu otra mano traza trayectorias hacia arriba del brazo, a las yemas de los dedos,

y de regreso, pasando por el ombligo hacia abajo por un lado de la pierna hasta los dedos del pie, luego de regreso al ombligo. *Repite dos veces más.*

2. Traza la parte opuesta del cuerpo de la misma forma tres veces.

Patrón contralateral

1. Comienza con una mano en el ombligo, mientras la otra hace trazos hacia arriba del brazo, hasta las yemas de los dedos, y regresa al ombligo.
2. Continúa por el lado de la pierna opuesta, hasta los dedos de los pies, y regresa al ombligo.
3. Ahora traza una trayectoria en el otro brazo hasta las yemas de los dedos y de regreso al ombligo.
4. Continúa hacia abajo en la pierna que queda, opuesta a la mano, hacia los dedos de los pies. Regresa al ombligo.

Repite este patón en X dos veces más.

Termina colocando una mano en el ombligo y la otra exactamente atrás, en la parte trasera del cuerpo. Sostén dos minutos o hasta que el pulso esté sincronizado.

Puntos positivos (actividad de Gimnasia para el cerebro (Brain Gym®). Los puntos positivos se localizan arriba del centro de cada ceja, a la mitad del camino entre las cejas y la línea del cabello. Haz que el niño coloque suavemente sus dedos sobre estos puntos y respire tres o cuatro veces.
Modificación: Sostén por el niño los puntos positivos.

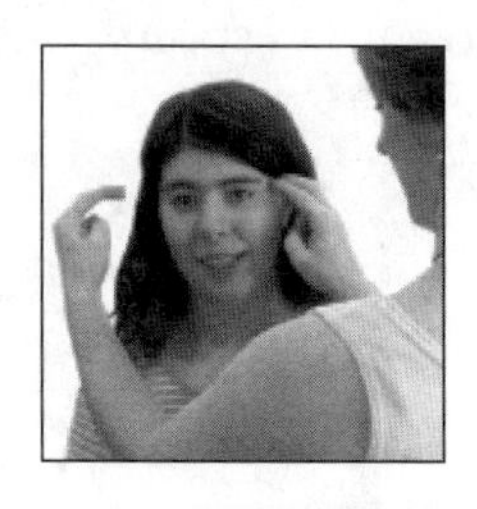

Golpeteo Craneal. Da golpecitos firmes para alcanzar el nervio trigémino, el cual se localiza entre la piel y el hueso, bajo la piel, no en ella. Cada secuencia de golpecitos comienza en la sien. Usa dos o tres dedos de cada mano. Los golpes deben ser rítmicos y continuos, alternando los lados izquierdo y derecho de la cabeza. La secuencia de golpecitos se mueve desde la sien a ocho puntos dados. Después, regresa a la sien.

Secuencia:

1. Sien, directamente en la frente, de regreso a la sien.
2. Sien, por encima de la ceja hasta la coronilla, de regreso a la sien.
3. Sien, directamente por debajo de la órbita ocular (ojos), de regreso a la sien.
4. Sien, hacia abajo por la articulación temporomandibular (ATM), de regreso a la sien.
5. Sien, hacia abajo por la ATM y a lo largo del labio superior, de regreso a la sien.
6. Sien, hacia abajo por la ATM, continuar por la mandíbula hasta la barbilla, de regreso a la sien.
7. Sien, por arriba de las orejas hasta la región occipital del cráneo, de regreso a la sien.
8. Finalizar con masaje de orejas.

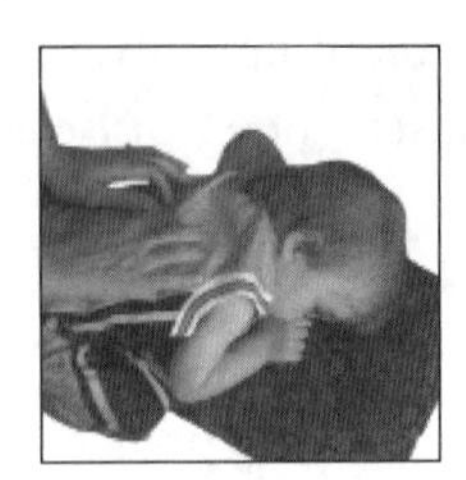

Recorrido espinal (columna). El niño se acuesta boca abajo. Comienza en el sacro recorriendo tus dedos a lo largo de ambos lados de la columna vertebreal. Continúa arriba, a la región occipital, a 2.5 o 5 centímetos de la base del cráneo. Comienza a descender recorriendo los dedos en los músculos trapecio y deltoides y bajo los brazos a los tríceps. Después desliza las manos sobre el dorsal ancho al sacro para comenzar de nuevo. Repite tres o cuatro veces.

Agua. Permite y estimula en el niño tomar agua. Si tiene sonda gástrica (tubo-g), tómate el tiempo para colocarle agua o mojar sus labios con una esponja o hisopo suave con enjuague bucal.

Para mejorar la comunicación y el razonamiento

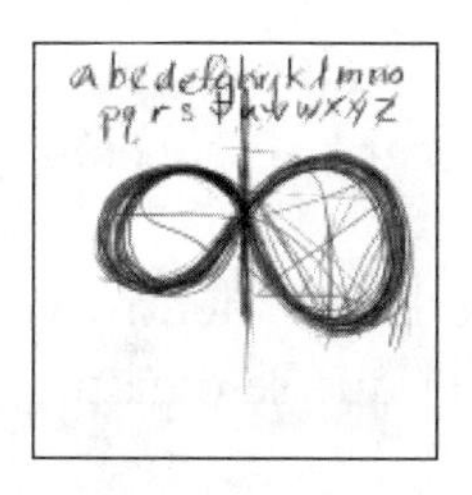

8 Alfabético (actividad de Gimnasia para el cerebro (Brain Gym®). Coloca tu mano sobre la mano del niño para ayudarlo a dibujar el signo de 8 (infinito) en papel, arena o en un pizarrón blanco. Comienza por el centro del signo 8, mueve la mano hacia arriba por la izquierda, da la vuelta hacia abajo para regresar al centro y continúa hacia arriba por la derecha para dar la vuelta hacia abajo y regresar al centro. Repasa el trazo en este patrón tres veces. Descansa. Luego escribe una letra "a" minúscula en la curva izquierda de trazo del signo de infinito. Luego vuelve dibujar tres veces sobre el patrón. Descansa y traza una "b" minúscula en la curva derecha del signo, continuando otra vez con repasar el trazo tres veces sobre el patrón. Continúa de la misma manera hasta que hayas escrito todas las letras del alfabeto en el lado correspondiente del signo 8 o de infinito.

Las letras siguientes comienzan en el centro y se desplazan hacia la izquierda: a, c, d, e, f, g, o, q, s.

Estas letras se mantienen al centro: i, j, l, y t.

Estas letras se inician en el centro y se desplazan hacia la derecha: b, h, i, j, k, l, m, n, p, r, t, u, v, w, x, y, z.

Si el reto de dibujar todo el alfabeto es demasiado para el niño, trabaja con sólo seis u ocho letras por sesión. Vea en las páginas 133 y 134 el alfabeto detallado.

Marcha Cruzada. Con el niño en tus piernas, ayúdalo a moverse conforme la marcha cruzada colocando tu mano sobre la de él o en su codo para llevarlo hacia la rodilla contraria. Continúa por aproximadamente un minuto. Rota el tronco del niño para garantizar el trabajo de los músculos nucleares. El niño puede realizar en forma independiente este movimiento parado o sentado.

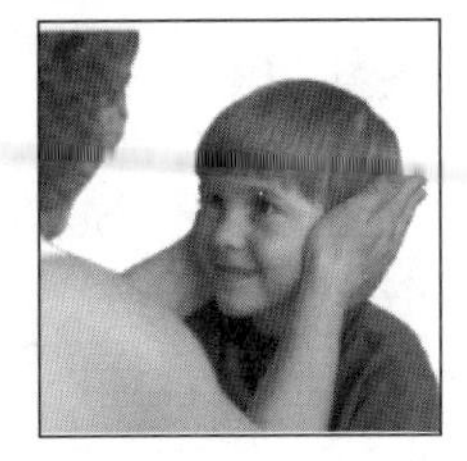

Despertar de oídos. Haz este procedimiento de pie (es más fácil), sentado o acostado.

1. Pon las manos sobre las orejas del niño después de humedecer las palmas para crear más succión (opcional).
2. Empuja las manos rápidamente hacia adentro y hacia fuera, continuamente hasta que se oiga un ruido, como chirridos.

Nota: Si el niño tiene tubos en los oídos, checa con un profesional para asegurarte que el procedimiento es adecuado. Si hay mareo (generalmente debido a la intensa estimulación vestibular), sostén la región occipital de la cabeza del niño para acelerar la recuperación del equilibrio.

Activación de ojos. El facilitador sigue los siguientes pasos:

1. El niño elige rojo o azul.
2. Oprime simultáneamente los dos puntos del pecho, del área occipital, o de la cara.
3. Haz las siguientes acciones con un objeto pequeño del color elegido, tres veces cada uno.

a. Columpia el objeto de cerca a lejos y de lejos a cerca.
b. Una trayectoria, de lado a lado y de arriba a abajo.
c. Una trayectoria circular en el sentido de las manecillas del reloj, y contra las manecillas del reloj.
d. Una trayectoria diagonal.
e. Las palmas sobre los ojos por 20 segundos.

Modificación: Juegos de linterna

Juego de linterna. Algunas veces el niño no es capaz de hacer la activación de ojos porque no tiene la destreza física para ver. En este caso hacemos una actividad más simple.

Procedimiento: En un cuarto completamente oscuro, pon al niño frente a ti o siéntalo en tu regazo.

1. Enciende la linterna para que se muevan los ojos del niño siguiendo la marca en el techo o en la pared. Pídele a niño que encuentre la marca
2. Apaga la linterna inmediatamente después. Apunta la linterna a una dirección diferente y enciéndela. Píde al niño que de nuevo siga la marca de luz.
3. Continúa de 30 a 60 segundos, según la capacidad del niño para prestar atención.
4. Una vez que el niño es capaz de encontrar la marca de luz con la vista, comienza a moverla en trayectorias con patrón, de arriba abajo, de izquierda a derecha, diagonalmente. Recuerda apagar la linterna entre cada barrido.
5. El último paso en los juegos de linterna es dar al niño su propia linterna y pedirle que siga tu marca de luz en la pared o el techo con la de su linterna. Apaga la linterna entre barridos.

Nota: Puede tomar tres semanas alcanzar este último paso. Sigue la destreza del niño y el nivel de actividad.
Modificación: Un rayo láser puede usarse también como una herramienta de trayectoria del ojo para un niño con habilidades limitadas.

Marcha Unilateral. Con el niño en tus piernas desplázalo a través del patrón unilateral colocando tu mano en la suya, o en el codo, y llevándola hasta la rodilla del mismo lado. Repite el mismo modelo de movimiento en el otro lado del cuerpo. Continúa por alrededor de un minuto. Deben moverse el hombro y la cadera de un mismo lado, aunque sea levemente, para garantizar el trabajo de los músculos del corazón. El niño puede realizar este movimiento de manera independiente al estar parados o sentados.

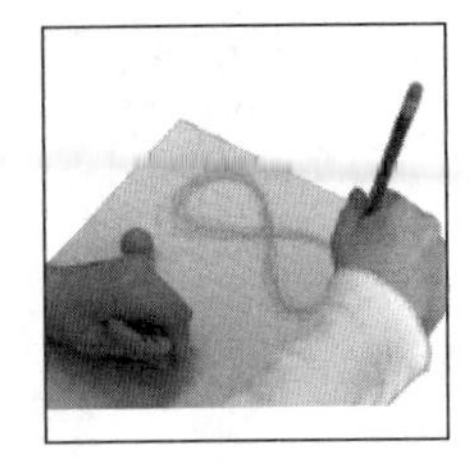

8 Infinito. Coloca tu mano sobre la mano del niño para ayudarlo a dibujar el signo de 8 o de infinito en papel, arena o en un pizarrón blanco. Comienza por el centro del signo 8, mueve la mano hacia arriba por la izquierda, da la vuelta hacia abajo para regresar al centro y continúa hacia arriba por la derecha para dar la vuelta hacia abajo y regresar al centro. Repasa el trazo por lo menos tres veces con cada mano, y luego tres veces más con ambas juntas. Trabaja con el 8 infinito en forma regular hasta que el niño sea capaz de hacerlo por sí solo.

Modificación: Ayuda al niño colocando tu mano sobre la de él para trazar círculos en dirección contraria a las manecillas del reloj por un minuto y luego en el sentido normal de éstas por el mismo lapso de tiempo. Pasa al ejercicio 8 perezoso cuando su capacidad lo permita.

Para mejorar la comprensión, la organización y la comunicación

Música. Escucha y/o muévete con el niño al ritmo de la música. A veces basta con música de fondo.

Modificación: Si la música sobre estimula al niño, elige un estilo más sereno y ajusta el volumen a sus necesidades.

FUENTE: Algunas explicaciones fueron adaptadas y formateadas por Rosalyn Kalmar, M.Ed. a partir de la información en *Brain Gym® Teacher's Edition* (*Edición para maestros de Gimnasia para el cerebro (Brain® Gym)*)(1994, 2010), de Gail Dennison y Paul Dennison. La información en las modificaciones pertenece a Cecilia Koester.

Capítulo ocho

Estímulo

"Yo soy tu maestro, Si me dejas,
te enseñaré lo que verdaderamente
es importante en la vida"

Anónimo

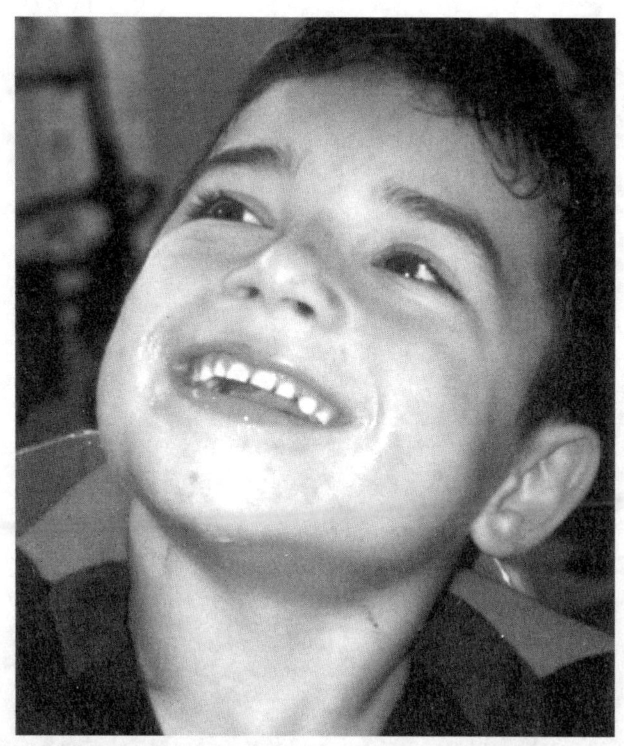

Las páginas siguientes son una compilación de historias.
Puedes encontrarlas motivantes y reconfortantes.
Todas están usadas con autorización[61].

[61] Las siguientes historias fueron recogidas de varios libros, compartidas vía correo electrónico.

Abrir el corazón

Convertirse en una maestro-sanador no necesariamente se trata de ocuparse en ayudar a los demás. Más bien, puede estar completamente presente, curioso, atento, con la disposición a aceptar y siendo juguetón. Ser curioso y honesto al ver a los demás es uno de los mayores regalos que podemos darnos a nosotros mismos y a los demás. Te invito a que mires a tus hijos a los ojos y les cantes. Esto abre el corazón.

CECILIA KOESTER, 2004

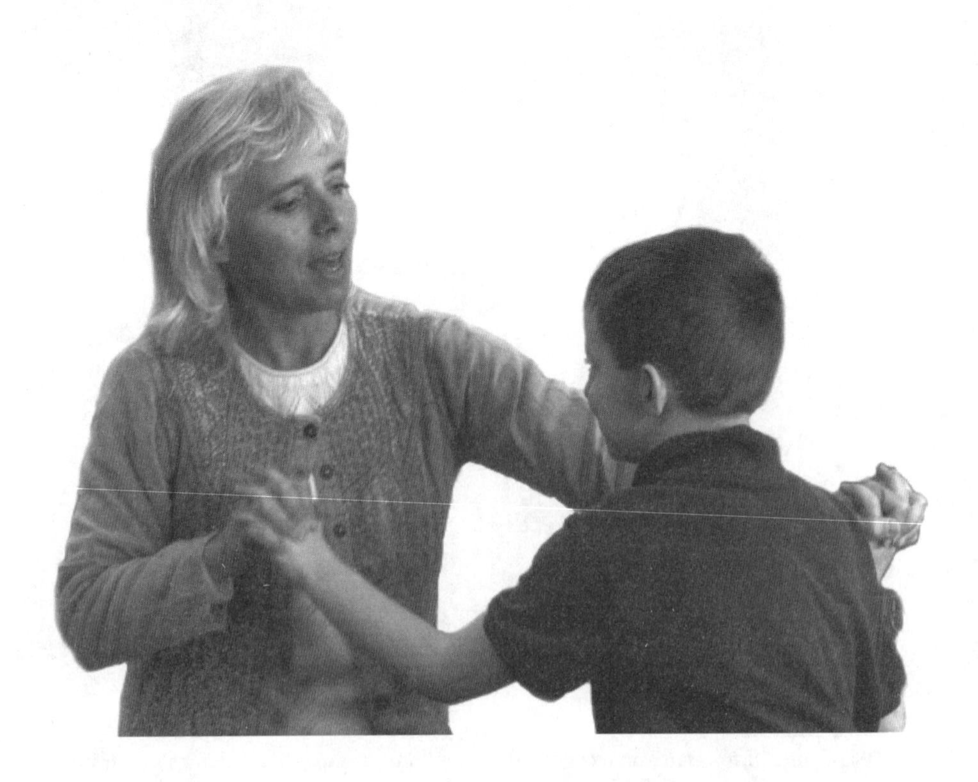

Canciones para abrir el corazón[62]

Que el sol brille durante mucho tiempo para ti
 Todo el amor te rodee
Y la luz pura dentro de ti
 Guíe tu camino a casa
Bendición irlandesa

.....

Siento los pies caminar en la tierra,
 saludo al día con una mano abierta.
Mi corazón canta al comenzar el día.
 Me enamoro de mí otra vez.

.....

¿Cómo podría alguien decirte
 que eres algo menos que hermoso?
¿Cómo podría alguien decirte
 que eres menos que el todo?
¿Cómo alguien podría dejar de notar
 que tu amor es un milagro?
Qué profundamente estás conectado
 a mi alma.

.....

Ella ha estado esperando
Ella ha estado esperando desde hace mucho tiempo
Ella ha estado esperando que su hijo la recuerde.

.....

---

[62] Un CD de estas canciones en inglés está en www.movementbasedlearning.com. *Songs to open the heart* es un CD que ofrece cinco de las canciones de las mencionadas en este libro. Ese fue grabado para acompañar este libro y el curso Brain Gym® for Special Education Providers (Gimnasia para el cerebro para los que imparten educación especial.) Estas canciones que alimentan el espíritu son interpretadas por Gay Wolf (Phoenix, AZ), con los arreglos generosamente producidos de David Paul Britton (Saginaw, MI) y Gay Wolf. Los primeros cinco tracks tienen las canciones cantadas; los cinco últimos son la versión instrumental.

Yo soy como soy
Yo soy como soy
Yo • soy • como • soy
Así me gusta

Yo soy como soy
Yo soy como soy
Yo • soy • como • soy
Así me gusta

Sólo como soy
Puedo alcanzar lo que estoy buscando
Sólo como soy
Puedo alcanzar lo que estoy buscando

(Repetir dos veces y después continuar)

Yo soy como soy
Yo soy como soy
Yo • soy • como • soy
Así me gusta

Yo soy como soy
Yo soy como soy
Yo • soy • como • soy
Realmente me gusta

Canción Sufi

Inspirada en una clase impartida por Cecilia Koester

Estos poemas fueron escritos por una estudiante adulta, Dianne A. Owen, de Grand Coulee, Washington, mientras tomaba su clase de Gimnasia para el cerebro (Brain Gym®) *para niños con necesidades especiales, Se sintió tan inspirada como para profundizar. Expresa sus sentimientos más profundos en estos poemas. Están incluidos aquí con la intención de que quizás también encuentres la misma clase de inspiración.*

Permiso de hacer una pausa

El mundo que va a prisa cesa cuando haces una pausa.
El pequeño carro de emociones se calma gentilmente
cuando haces una pausa.
Mi alma encuentra su centro respirando, en una pausa.

D.A. Owen

Observando

Necesaria
Oportunidad
Para
Preguntar (sobre)
Cierta
Joya
Natural
Individual

D.A. Owen

¿Quién soy?

Yo soy el niño capaz de sentir.
Yo soy el niño conectando con mi propio ser.
Yo soy el niño explorando la aventura.
Yo soy el niño encontrando mi verdadero centro.
Yo soy el niño equilibrado y libre.
Yo soy el niño encantado de ser yo.

D.A. Owen

Estudiantes adultos en una de las clases de Cecilia tienen la experiencia de notar las dimensiones mediante el movimiento de balanceo.

Yo soy el niño

ANÓNIMO

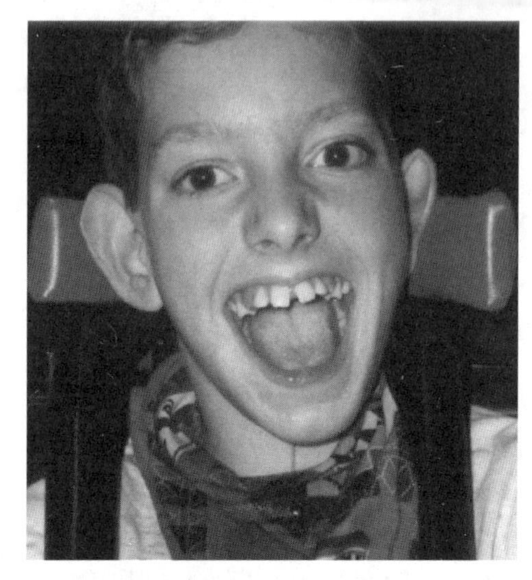

Soy tu maestro.
Si me dejas, te enseñaré
lo que es realmente
importante en la vida.

Soy el niño que no puede hablar. Frecuentemente me tienes lástima; lo veo en tus ojos. Te preguntas qué tan consciente soy.... Veo eso también. Soy consciente de mucho: sé si estás feliz, triste o temeroso, si eres paciente o impaciente, lleno de amor o deseo de ayudarme, o sólo de cumplir tu deber conmigo. Me maravilla tu frustración sabiendo que la mía es más grande, pero yo no puedo expresarme ni decir mis necesidades como tú. No puedes concebir mi aislamiento, tan completo en algunos momentos. Yo no puedo darte una conversación inteligente, ni comentarios para que te rías y los repitas. No te doy las respuestas a las preguntas de todos los días, respecto de mi bienestar, compartiendo mis necesidades o comentando sobre el mundo que me rodea. Yo no doy las recompensas definidas por los estándares del mundo: grandes avances en mi desarrollo por los que tú puedas darte crédito. No te doy comprensión, tal y como tú la conoces.

En lugar de eso te doy algo mucho más valioso. Te doy oportunidades. Oportunidades para descubrir lo profundo de tu carácter, no del mío; la profundidad de tu compromiso, tu paciencia, tus habilidades; la oportunidad de explorar tu espíritu más allá de lo que imaginabas que era posible. Yo te conduzco más lejos de lo que tú hubieras ido por ti mismo, trabajando duro, buscando respuestas a las muchas preguntas, creando preguntas sin respuesta. Soy el niño que no puede hablar.

Soy el niño que no puede caminar. El mundo parece ignorarme algunas veces. Ves el anhelo en mis ojos por salir de esta silla, para correr y jugar como otros niños. Hay muchas cosas que tú das por sentado. Quiero los juguetes del estante, necesito ir al baño. ¡Oh! Solté otra vez mi tenedor. Dependo de ti de estas maneras. Mi regalo es hacerte consciente de lo afortunado que eres: tus piernas y tu espalda saludables, tu habilidad para hacer por ti mismo. Algunas veces la gente parece no notarme; yo siempre los noto. No siento tanta envidia como deseo. Deseo estar de pie, poner un pie enfrente del otro, ser independiente. Te doy conciencia. Soy el niño que no puede caminar.

Soy el niño con un problema mental. No aprendo fácilmente, si me mides con la vara con la que el mundo mide. Lo que yo sé es el gozo infinito en las cosas simples. No estoy cargado, como tú, con las luchas y conflictos de una vida más complicada. Mi regalo es concederte la libertad para disfrutar las cosas como un niño, enseñarte lo mucho que significan para mí tus brazos a mi alrededor, darte amor. Te doy el regalo de la simplicidad. Soy el niño con un problema mental.

Soy el niño discapacitado. Soy tu maestro. Si me dejas, te enseñaré lo que es importante en la vida. Te daré y te enseñaré amor incondicional. Te regalo mi confianza inocente, mi dependencia de ti. Te enseño sobre la santidad de la vida. Te enseño qué tan preciosa es esta vida y a no tomar las cosas por hecho. Te enseño a dar. Más que nada, te enseño esperanza y fe. Soy el niño discapacitado.

Reproducido con permiso de International Rett Syndrome Association Newsletter.

Bienvenidos a Holanda

De Emily Perl Kingsley/Enviado por Suzanne Jagers

Con frecuencia me piden que describa la experiencia de criar a un niño con capacidades diferentes... que ayude a la gente que no ha compartido esta experiencia única a entenderla, a imaginar lo que puede sentirse. Es así...

Cuando vas a tener un hijo es como planear un maravilloso viaje de vacaciones...a Italia. Compras unas cuantas guías y haces planes maravillosos: el Coliseo o, el David de Miguel Ángel, las góndolas de Venecia. Debes aprender algunas frases prácticas en italiano. Todo es muy emocionante.

Después de la ansiosa anticipación, el día finalmente llega. Empacas tus maletas y te vas. Unas horas después el avión aterriza. La sobrecargo aparece y dice: "Bienvenidos a Holanda". "¿Holanda?", dices tú. "¿Qué quiere decir con Holanda? Yo iba a Italia. ¡Debería estar en Italia! ¡Toda mi vida he soñado con ir a Italia!".

Y debes aprender todo un lenguaje nuevo. Y encontrarás un grupo con gente que nunca hubieras encontrado. Es sólo un lugar diferente.

Pero ha habido un cambio en los planes de vuelo. Aterrizaron en Holanda y ahí tienes que quedarte. Lo importante es que no te han llevado a un lugar horrible, desagradable, inmundo, lleno de pestilencia, hambre y enfermedad. Así que vas y compras unas guías nuevas. Y debes aprender todo un lenguaje nuevo. Y encontrarás un grupo con gente que nunca hubieras encontrado. Es sólo un lugar diferente. Tiene un ritmo más lento que Italia, es menos ostentoso. Pero después de estar ahí un tiempo, recuperas el aliento, miras alrededor y empiezas a fijarte en que Holanda tiene molinos de viento; Holanda tiene tulipanes; Holanda tiene cuadros de Rembrandt.

Pero todos los que conoces están muy ocupados yendo y viniendo de Italia, y todos fanfarronean sobre lo bien que la pasaron allá. El resto de tu vida dirás: "Sí es donde se suponía que iría yo. Eso es lo que tenía planeado". Y el dolor de eso no se irá jamás porque la pérdida de ese sueño es una pérdida significativa. Pero si pasas tu vida lamentándote por el hecho de que no fuiste a Italia, quizás nunca puedas disfrutar las cosas verdaderamente especiales y adorables de Holanda.

Bienvenidos a mi casa, pienso

Sharon Burleson, Clarksburg, Virginia Occidental

Hola, bienvenidos a mi casa, pienso. Quiero decir, quizás eres bienvenido. Todavía no estoy seguro. Cuando te conozca, lo sabré. Mi hijo es discapacitado y necesito ayuda para todas las cosas que él necesita. Así que te necesito. Él te necesita también, porque se agota y se aburre conmigo y algunas veces me disgusta tanto como yo lo disgusto a él (por favor, no comiencen a emitir juicios sobre mí. Apenas comenzamos. Es sólo que soy honesta, y así como él es la única razón de mi existencia, algunas veces los dos nos desgastamos).

Tu agencia te mandó aquí. Llamé solicitando ayuda, pero no tuve opción sobre quién vendría a mi casa y a mi vida. Tú vienes a tu conveniencia, usualmente de 9 a.m. a 3 p.m., de lunes a viernes. Estoy sola las tardes y los fines de semana, cuando mis otros hijos me presionan y quieren que me sienta desairada y ofendida y yo siento que he llegado al límite.

Me llamas y me dices que vendrás el martes en la mañana, así que coloco la pila de correspondencia sin contestar y las cuentas sin pagar en el armario, con los tazones de cereal. En una carrera, pongo la ropa limpia arriba y bajo las escaleras empujo los juguetes y coloco los zapatos sin pareja en el closet y bajo las camas. Paso el trapo para borrar las huellas digitales de todo y entonces me dices que cancelas porque tienes una cita. Sí, entiendo. Está bien. ¿Viernes en la tarde? Pensaba ir a la biblioteca y quizás tomar una siesta. ¿Qué?, ¿es el único día que puedes? Si, claro. Sé que es importante que vengas. Y realmente necesitamos ayuda. Bien. Viernes a la 1:30 p.m.

A mi esposo no le gusta que haya gente entrando y saliendo de nuestra casa. Dice que le hace sentir como si viviera en una pecera. Dice que tener ayuda significa sacrificar nuestra privacidad y espontaneidad.

No puede rascarse el estómago y ya no camina en la sala con sus *shorts*. Ahora tiene que estar vestido y tener buenos modales. Y realmente odia cuando te vas porque algunas veces lloro porque me siento inadecuada y estúpida y tonta y simplemente equivocada. Algunas veces me haces sentir así cuando actúas con desconfianza de lo que sucede cuando no estás aquí o cuando hablamos, intentas meterme una zancadilla para averiguar si estoy cumpliendo mis metas y objetivos, o si sólo tomo el dinero esquivando el papeleo. Algunas veces no es lo que dices o haces; es sólo que tu perfección desestabiliza mis sentimientos maternales.

Algunas veces, cuando te portas muy bien, me siento amenazada y por culpa de otras personas que estuvieron aquí antes que tú, me siento juzgada y criticada, mientras pienso que quizás te has reunido con ellas y que han urdido un plan contra mí.

No siempre puedo saber cuándo eres auténtica, pero mi hijo sí. Así que lo observo. Si responde dándote la bienvenida, pongo aparte mis necesidades y preocupaciones y te dejo tener todo lo que yo tengo, inclusive a mi hijo. Tengo que confiar en ti porque él confía y espera con interés tus pasos en el porche.

¿Qué? ¡Olvidé otra vez tu papeleo! Espera, sé que está por aquí, en algún lugar. Estaba ocupándome de eso la semana pasada justo antes de que se estropeara el calentador de agua y antes de que mi marido viniera a casa despedido. Espera. Creo que escribí en la parte de atrás de ellos cuando el banco llamó sobre un depósito para cubrir un sobregiro. ¡Sí! Ya los encontré, justo atrás de la mantequilla de cacahuate. Espera, sólo los limpiaré un poco.

¿Sabes?, yo era normal. Tenía el control de mi vida, mi tiempo y mi hogar. Tener un hijo discapacitado volteó mi vida de cabeza. Mis prioridades cambiaron. Lo que yo hubiera establecido, cambió. Lo que yo hubiera pedido, cambió. A quién yo aceptaba, cambió. Todo eso cambió porque mi hijo necesita cosas, gente, ideas y fondos. Así que mi vida consiste en reuniones reglamentarias, documentación y papeleo, trabajadoras sociales y agencias de empleo, políticas y manuales de procedimiento y decisiones administrativas; retrasos y rumores de retrasos en los cheques; gente que no aparece cuando la necesitas, gente dándose por vencida y gente que aparece cuando no la necesitas.

Por favor no me juzgues. Trataré de no juzgarte a ti. A la larga, si no doy la talla, seguiré siendo su madre. Así que estamos atrapados el uno con el otro y yo trato de hacer lo mejor posible. Ayúdame a crecer, ayúdame a ser mejor. Acéptame como persona, no como a una santa perfecta. Realmente conozco a mi hijo mejor que nadie, así que ayúdame a expresar eso y a usarlo de la mejor manera posible. Camina conmigo, no me juzgues; entiende mi papel dentro del corazón de mi familia. Dame herramientas, palabras y personas que, como piezas de un rompecabezas, se unan para dejar que surjan mis fortalezas y se compensen mis deficiencias.

Camina conmigo no me juzgues; entiende mi papel dentro del corazón de mi familia. Dame herramientas, palabras y personas que, como piezas de un rompecabezas, se unan para dejar que surjan mis fortalezas y se compensen mis deficiencias.

Por favor, no me presiones más allá de mi resistencia, porque si lo haces verás lo peor de mí; me verás de mal genio, impaciente, inflexible y emotiva. Entonces no soy buena para mi hijo. Todos tenemos esa delgada línea. Trato de reconocer cuando me estoy acercando a ella y generalmente es cuando estoy más malhumorada y quejumbrosa contigo. Por favor date cuenta que ser una bruja cansada es una de mis facetas, tan aceptable como la súper mujer que supera obstáculos increíbles. Hay días soleados y después hay tormentas; todo forma parte de un clima templado. De cualquier forma, hola. Bienvenido a mi casa, yo creo.

Y algunos llaman a esta gente retardada

Anónimo

Hace unos años, en las Olimpiadas Especiales de Seattle, nueve contendientes, todos discapacitados mental o físicamente, se reunieron en la línea de arranque de las 100 yardas.

Con la señal de arranque, todos salieron, no exactamente con brío, pero con entusiasmo por finalizar y ganar. Todos, menos un pequeño niño que se tropezó en el asfalto, se cayó dos veces y comenzó a llorar. Los otros ocho lo escucharon llorar. Se fueron más lento y voltearon a verlo. Entonces regresaron. TODOS ELLOS. Una niña con síndrome de Down se inclinó, lo besó y le dijo: “Esto hará que sea mejor”.

Entonces los nueve unieron sus brazos y fueron caminando hacia la meta.

Todos los espectadores se pusieron de pie en el estadio y los aplausos continuaron durante unos minutos.

La gente que estuvo ahí todavía cuenta esta historia. ¿Por qué? Porque en el fondo sabemos una cosa: lo que importa en la vida es más que ganar para nosotros mismos. Lo que importa en la vida es ayudar a otros a ganar, aunque eso signifique ir más lento y cambiar de curso.

Una madre habla sobre autismo

Varias madres: Pat, Marti, Jeannie, Susan Renee, Ryth, Kathleen y Lynn. Editado por Jane D.B. Marsch, 1995.

Recuerdo tener ocho o nueve años y desear visitar París, Francia. Me parecía el verdadero centro del mundo, tan sofisticado y grande.

Quería crecer, ser un artista o un escritor y tener aventuras. Quería crear cosas hermosas e inusuales. A los 10 años planeé mi vida. Tenía grandes sueños. Primero me aventuraría a las montañas de Perú, viviría entre los nativos y probaría otra cultura como otros se prueban ropa nueva. En algún punto, mis planes cambiaron. Cambié mis planes por un esposo y unos hijos. Tuve dos hijas, brillantes y hermosas, y un guapo hijo de ojos castaños.

Desistí de París y Perú. Pero pude experimentar una nueva cultura. Y he hecho cosas tanto hermosas como inusuales. De alguna forma di a luz un hijo de la tierra del Autismo. Un nativo. El actúa como nativo, como embajador de los de su clase. The *American Heritage Dictionary* define "embajador" como un mensajero autorizado. Isaac hace sus deberes hermosamente. Tiene todos los matices por los que son famosas las personas con autismo. Sabe que la etiqueta de su país, Autismo, demanda que no mires nunca a tu compañero a los ojos; que eres impredecible pero pides predictibilidad, y que nunca serás el primero en decir "hola". Vivir con un embajador requiere diplomacia, un verdadero esfuerzo para entender las diferencias y tener la mente abierta. Eso me hace una embajadora de mi país, Normal. Desde lo mejor de mi capacidad trato de enseñarle a Isaac los porqués y los cómos de mi vida y cultura. Pero el comportamiento diario de Isaac, tan diferente del de mi país Normal, es a menudo desconcertante y aparentemente extraño. Como muchos extranjeros se tropieza con nuestro difícil idioma. Frecuentemente repite palabras en un esfuerzo para encontrar sentido a nuestra sintaxis. Muchas veces usa frases que sustituyen varios significados para poder comunicarse. Muy a menudo se confunde con nuestros modales en la mesa y no entiende por qué nos sentamos a comer o por qué debe usar cubiertos. En su país la mayoría parece preferir comer con los dedos. Como muchas personas de antecedentes diferentes que tienen que vivir juntas, tenemos nuestras batallas. Quiero que respete mis modos, que se comprometa. Experimentamos estrés y tensión por los frecuentes malentendidos.

Como muchos extranjeros se tropieza con nuestro difícil idioma. Frecuentemente repite palabras en un esfuerzo para encontrar sentido a nuestra sintaxis. Muchas veces usa frases que sustituyen varios significados para poder comunicarse.

Hacemos lo mejor que podemos para comunicarnos. Yo ofrezco paseos, andar en bicicleta, leer y nadar. Él ofrece brincar, correr, reír y entrecerrar los ojos. Isaac me enseñó que la verdadera belleza está en los ojos del espectador. Ahora veo diferente los signos y logotipos. Ahora le señalo a él logos postales, objetos de metal y generadores eléctricos.

Cenar fuera es cosa del pasado. Una cena íntima en casa es la forma "autística" de hacerlo, aunque McDonald's es aceptable. He tenido que pensar muchas de las prácticas de mi país, Normal, y tomar decisiones sobre convertirme o quedarme firme en mis creencias. También creo que como buen anfitrión es importante impartir alguna enseñanza. Mucha de la gente de Isaac participa en actividades que antes no conociamos la gente como tú y yo. Han introducidos nuevos *hobbies* como acumulación de pelusa, aleteo de manos, giro de cuerda, ritmo de marcha, que es similar a la marcha atlética, pero con una distancia extremadamente limitada. Las actividades físicas como correr, brincar, rebotar son muy populares. La danza es vista como un arte solitario. La mayoría de la gente del país Autismo tiende a ser introvertida y no muy verbal. Muchos no hablan en absoluto. Los matrimonios y los hijos son muy raros, pero no inauditos. Como la gente de todos los credos y razas, existen unos cuantos que viven un poco fuera de la corriente principal y pueden desear las relaciones y elegir procrear. Son la minoría. Mi nativo, que todavía es muy joven, es más típico. Prefiere la danza solitaria y el ritmo de marcha, sin conversación. Le gustan los buzones y los abridores de latas, así como la Pepsi, las papas fritas e ir en auto. He tenido alguna influencia. Pero no creo que se vaya a casar o a tener hijos. Él está totalmente dedicado a su misión. Está aquí para compartir y enseñar su mensaje. Su mensaje es sobre entendimiento y aceptación. Así que continuaré interpretando y tratando de entender. Quizás algún día la gente de Normal y la gente de Autismo aprendan a vivir juntos sin conflictos ni dificultades. Podemos trabajar juntos y mantener la esperanza.[63]

La maestra

Anónimo

Hace años había una maestra de escuela primaria. Se llamaba Señora Thompson. El primer día de clases, mientras estaba de pie en frente de la clase de quinto año, les dijo una mentira. Como la mayoría de los maestros, miró a los estudiantes y les dijo que los amaba a todos por igual. Pero eso era imposible porque en la fila de enfrente, hundido en su asiento estaba un niño pequeño llamado Teddy Stoddard. La Sra. Thompson

[63] **Fuente:** *From the Heart: On being the Mother of a Child with Special Needs.* Autores: Pat, Marti, Jeannie, Susan, Ruth, Kathleen y Lynn. Editado por Jane D. B. Marsh, 1995.

había observado a Teddy el año anterior y había notado que no jugaba con los otros niños, que su ropa era desaliñada y que constantemente necesitaba un baño. Y Teddy podía ser desagradable. Con el tiempo la Sra. Thompson se deleitaba poniendo una cruz roja en sus trabajos y una nota reprobatoria en la parte superior de los mismos.

En la escuela en la que trabajaba la Sra. Thompson, le pedían revisar los registros pasados de todos los niños. Puso el de Teddy al final. De cualquier manera, cuando leyó el expediente de Teddy se sorprendió. La maestra de primer grado había escrito: "Teddy es un niño brillante, con una risa fácil. Hace su trabajo pulcramente y tiene buenos modales. Es un placer tenerlo cerca". La maestra de segundo grado había escrito: "Teddy es un excelente estudiante, muy queridos por sus compañeros. Tiene problemas porque su madre tiene una enfermedad terminal. La vida en casa debe ser una lucha". La maestra de tercer grado dijo: "La muerte de su madre ha sido difícil para Teddy. Trata de hacer lo mejor que puede, pero su padre no muestra mucho interés y su vida en el hogar pronto lo afectará si no se toman los pasos necesarios." La anotación de la maestra de cuarto grado de Teddy decía: "Teddy es retraído y no muestra mucho interés en la escuela. No tiene muchos amigos y algunas veces se duerme en la clase". La Sra. Thompson se dio cuenta del problema y estaba profundamente avergonzada de sí misma. Se sintió todavía peor cuando los estudiantes le trajeron sus regalos de Navidad. Todos estaban envueltos con hermosos listones y brillantes papeles, menos el de Teddy. Su regalo estaba torpemente envuelto en el pesado papel café que había obtenido de una bolsa de la tienda de comestibles. La Sra. Thompson, con dolor, abrió el regalo en medio de todos los otros. Algunos niños se echaron a reír cuando vieron la pulsera de diamantes de imitación con algunas de las piedras que se habían perdido unos días antes y una botella con un cuarto de perfume. Ella ahogó las risas de los niños cuando dijo que era la pulsera más hermosa que había visto y se la puso. Además, se dio unos toques de perfume en las muñecas.

> Ese mismo día dejó de enseñar lectura, escritura y aritmética. En su lugar comenzó a enseñarle a niños.

Teddy Stoddard se quedó después de la escuela el tiempo suficiente para decir: "Sra. Thompson, usted huele hoy exactamente igual que mi mamá". Cuando los niños se fueron, la maestra lloró por lo menos durante una hora. Ese mismo día ella dejó de enseñar lectura, escritura y aritmética. En vez de eso, empezó a enseñar a los niños. Puso especial atención en Teddy y comenzó a usar su perfume los días que había exámenes. Desde que ella había trabajado con Teddy, la mente del niño parecía haberse despertado. Cuanto más lo alentaba, más respondía. Para finales de año, Teddy se había convertido en uno de los niños más listos de la clase y, a pesar de la mentira de que ella quería a todos por igual, Teddy se convirtió en uno de sus estudiantes predilectos. Un año después encontró una nota bajo su puerta, de Teddy, diciéndole que ella era la mejor maestra que había tenido en su vida. Pasaron seis años antes de que tuviera otra nota de Teddy. Le decía que había terminado el bachillerato, tercero en la clase, y que seguía siendo la mejor maestra que había tenido en su vida. Cuatro años después escribió diciendo que había sido duro algunas veces, pero que se había quedado en la escuela y que pronto se graduaría en la universidad con los más altos honores. Aseguraba que la Sra. Thompson era la mejor maestra que había tenido.

Pasaron cuatro años más y llegó otra carta. Esta carta explicaba que después de graduarse había decidido irse más lejos. La carta afirmaba que ella seguía siendo la mejor y la maestra favorita de su vida. Pero ahora su nombre era un poco más largo: Teodore E. Stoddard, M.D.

Esta historia no termina ahí. Llegó otra carta. Esta vez decía que había encontrado a una mujer maravillosa y que se iba a casar. Explicaba que su padre había muerto dos años antes y se preguntaba si a la Sra. Thompson le gustaría ocupar el lugar que generalmente correspondía a la madre del novio. Por supuesto que la Sra. Thompson aceptó y, ¡adivinen!. Ella usó el brazalete que llevaba algunas piedras perdidas y se aseguró de ponerse el perfume que Teddy recordaba de la última Navidad que tuvo con su madre. Se abrazaron fuertemente y el Dr. Stoddard le murmuró al oído a la Sra, Thompson: "Gracias, Sra. Thompson, por creer en mí. Muchas gracias por haberme hecho sentir importante y mostrarme que yo podía marcar la diferencia". Y la Sra. Thompson, con lágrimas en los ojos, le contestó: "Teddy, estás equivocado. Tú eres quien me enseñó que yo puedo hacerlo diferente. Yo no supe cómo enseñar hasta que te conocí".

Una historia inspiradora

Jack Reimer, Houston Chronicle

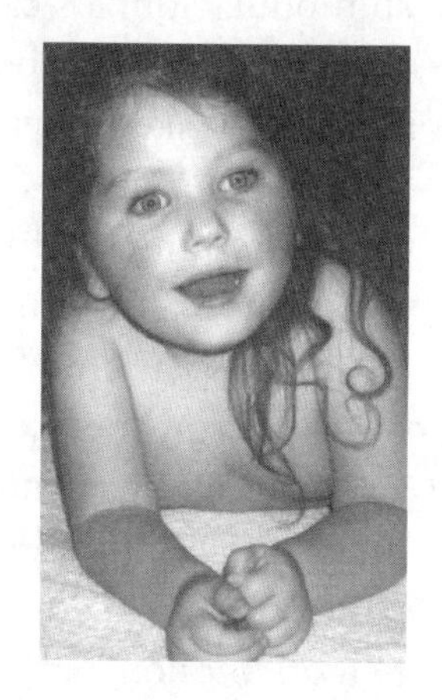

El 18 de noviembre de 1995, Itzhak Perlman, el violinista, vino a dar un concierto en el Avery Fisher Hall, del Lincoln Center, de Nueva York.

Si alguna vez has ido a un concierto de Perlman, sabes que llegar al escenario es un logro no tan pequeño para él. De niño tuvo polio, así que usa tirantes en ambas piernas y camina con la ayuda de muletas. Verlo caminar a lo largo del escenario un paso a la vez, es una visión. Camina con dolor, pero majestuosamente, hasta que alcanza su silla. Se sienta despacio, coloca sus muletas en el piso, deshace los cierres de sus piernas, pliega un pie atrás y extiende el otro adelante. Entonces se inclina y recoge su violín, lo coloca en su barbilla, asiente al director y procede a tocar.

El público se ha acostumbrado a su ritual. Se sientan callados mientras él cruza el escenario hacia su silla. Permanecen reverentemente en silencio mientras deshace los cierres de sus piernas. Esperan hasta que está listo para tocar. Pero esta vez, algo salió mal. Después de tocar algunos compases, una de las cuerdas del violín se rompió. Se oyó el golpe. Atravesó el cuarto como un tiroteo. No había ninguna duda sobre lo que ese sonido significaba. No había ninguna duda de lo que él tenía que hacer. Los presentes pensaban: "Nos imaginamos que va a tener que levantarse, ponerse los tirantes de las piernas otra vez, levantar las muletas y caminar despacio por el escenario, ya sea para ir por otro violín o por otra cuerda para el suyo". Pero no lo hizo. En vez de eso, esperó un momento, cerró los ojos y le indicó al director que empezara de nuevo.

La orquesta comenzó, y él empezó a tocar desde donde lo había dejado. Tocó con tal pasión, tal poder y tal pureza, como nunca antes se le había oído. Por supuesto, todo el mundo sabe que es imposible tocar una pieza sinfónica con sólo tres cuerdas. Yo sé eso, tú sabes eso, todo el mundo sabe eso. Pero esa noche, Itzhak Perlman se negó a creer eso. Podías ver su modulación, los cambios, la recomposición de la pieza en su cabeza. En un momento sonaba como si estuviera desafinando las cuerdas para obtener nuevos sonidos de ellas, sonidos que nunca antes habían hecho.

...la música que tocó esa noche con sólo tres cuerdas fue más hermosa, más sagrada, más memorable, que ninguna que haya tocado antes...

Cuando terminó, había un asombroso silencio en la sala. Y la gente se levantó y lo aclamó. Hubo una extraordinaria explosión de aplausos en todos los rincones del auditorio. Estábamos todos en un pie, gritando y aclamándolo, haciendo lo posible para que viera cómo agradecíamos lo que había hecho. Él sonrió, limpió el sudor de su frente, levantó el arco para callarnos y en un tono, no jactancioso, sino reverente, calmado y pensativo dijo: "Saben, algunas veces la tarea del artista es saber cuánta música puede tocar todavía con lo que le queda".

Qué poderosa afirmación es esa. Se ha quedado en mi mente desde que la oí. Y, ¿quién sabe? Quizás ese sea un modo de vivir no sólo para los artistas, sino para todos. He aquí un hombre que se ha preparado toda su vida para tocar un violín de cuatro cuerdas que, de pronto, en medio de un concierto, se ve a sí mismo con uno de sólo tres. Así que hace música con tres cuerdas. Y la música que tocó esa noche con sólo tres cuerdas fue más hermosa, más sagrada, más memorable, que ninguna que haya tocado antes.

Así que quizás nuestra tarea en este mundo tambaleante, cambiante, desconcertante en el que vivimos es hacer música, al principio con todo lo que tenemos y después, cuando la música de siempre ya no es posible, hacer música con lo que nos queda.

Capítulo nueve

Una aproximación complementaria
Más allá de la técnica

"Estoy agradecida por la oportunidad de usar
estos instrumentos en nuestra vida diaria.
Las terribles rabietas y los comportamientos
destructivos se han transformado en
vivir con alegría todos los días".

LORI, *madre de una niña con capacidades diferentes*

Destacada tecnología y recurso único

En el capítulo 1 reflexioné en la pregunta: "Qué hago con un hijo que..."

El libro nos ha llevado a través de gran cantidad de información y muchas actividades útiles para dar algunas respuestas. El último capítulo presenta otra fuente, con respuestas muy diferentes.

He encontrado una aproximación complementaria para mejorar la habilidad de aprender y la calidad de vida de nuestros estudiantes y sus familias de una forma que va mucho más allá de la técnica. Mi confianza en esta destacada tecnología, crece con la admiración que experimento como testigo de los poderosos cambios que trae a niños y adultos. Es maravilloso ver a un niño alcanzar algo y lograr su más grande potencial y ver que una familia que antes sufría se convierte en una familia que celebra con alegría. Con espíritu de admiración y gratitud, comparto con ustedes estas fuentes.

María y Julie, quienes provienen de orfanatos de Rumania y China, ahora disfrutan la vida en Estados Unidos. Usan los instrumentos como parte de su vida diaria.[63]

Investigación y desarrollo

Una pequeña compañía privada de investigación, en el noreste de Estados Unidos, ha desarrollado instrumentos de fácil acceso por más de 25 años. El propósito de esta tecnología única es aliviar el sufrimiento mental y emocional en el mundo.

El cambio energético que ocurre como resultado de usar uno de estos instrumentos no interviene con nuestra decisión de cómo decidimos vivir nuestra vida, por ejemplo, en el ámbito de las relaciones, la carrera, la

[64] María y Julie fueron adoptadas de Rumania y China. Julie es una niña de funcionamiento normal, mientras que María tiene muchos retos que enfrentar. La historia de María se incluye con permiso de la madre en la p. 126.

religión, etc. Es algo que ofrecemos como una forma de borrar el dolor y el trauma que llevamos en nuestro cuerpo y en todo nuestro ser para que podamos ser más quienes realmente somos.

El uso de esta tecnología ha sido y seguirá siendo gratis. Miles de voluntarios alrededor mundo comparten sus instrumentos y su tiempo. Esto ha sido significativo para muchas familias financieramente agobiadas.

¿Qué es esta tecnología?

Los instrumentos de investigación y desarrollo de esta pequeña empresa vienen en diferentes formas y tamaños: un cartel lleno de color que se puede colgar en la pared, una postal de tamaño grande, una caja de muchos colores. Pueden usarse con cualquiera, joven o adulto, con desafío o, por el contrario, con gente con habilidades en la vida. El niño puede tomar un instrumento en sus manos o puede ponérselo en cualquier parte de su cuerpo mientras descansa o duerme: debajo del pie, en la espalda, en el ombligo, etc. Normalmente una persona sostiene el instrumento por 10-15 minutos, dependiendo del modelo. La frecuencia de uso depende del adulto o del niño. No vienen con una receta. Sin embargo, la gente informa que un uso frecuente de los instrumentos la acerca cada vez más a un lugar de paz y calma, que apoya sus pasiones y curiosidad natural por la vida.

Uso de estos instrumentos con niños

Inmersa en la maravilla que es la vida y trabajando con niños y con todos los adultos que trabajan y viven con ellos, encuentro esencial compartir, lo que yo sé que tiene un efecto positivo en la habilidades de cualquiera para aprender y crecer. He usado estos instrumentos de alineación tanto con niños como con sus familias, y he visto su poder una y otra vez. Son parte de "mi bolsa de trucos de maestra" y me siento obligada a ayudar a otros en este destacado y efectivo camino.

Junto con la presencia de profesionales-padres que cuidan y dan apoyo a los pequeños, llevamos a los niños a un lugar más allá del trauma, así sea un trauma físico, mental o emocional. Podría compartir miles de reconfortantes informes sobre el resultado de un instrumento que fue especialmente diseñado para aliviar los efectos del trauma en la conciencia humana.[65]

Mi propia experiencia con estos instrumentos por más de treinta años ha sido nada menos que fenomenal. Me ha permitido darme cuenta de que ver las cosas como son, disipa la confusión que crea el sufrimiento que evita aprender de una manera natural y feliz. Cuanto más veo y acepto las cosas como son, más alegría experimento. Esto es una claridad maravillosa. En estas plataformas de alegría y claridad que creo con y para un niño, siempre está presente un cuidado gentil y amoroso.

Investigación documentada

Aunque no han sido 100% exitosos, hay una extensa documentación sobre la eficacia de estos instrumentos. Presento aquí los hallazgos de una investigación hecha en 2001, con niños que presentaban grandes y profundos retos, sus padres y hermanos.[66] Es suficiente con decir que he encontrado estos instrumentos invaluables.

Población que conformó la investigación

Esta investigación se completó en 2001, abarcó 12 meses completos y contó con 600 sujetos. Ellos eran 200 niños con necesidades especiales, 210 padres y 180 hermanos. Para esta investigación, 80% de los niños, padres y hermanos usó el instrumento una vez; 10% lo usó una segunda o tercer vez; 10% obtuvo su propio instrumento para mantenerlo. Los

---

[65] Cualquiera puede obtener un instrumento propio o puedes escribir a la autora para saber cómo tú y tu hijo pueden recibir un ajuste energético gratuito.

[66] En 2001 Cecilia Koester completó la investigación en la que aplicó una encuesta para medir los cambios en el nivel de funcionamiento de los niños con necesidades especiales después de usar los instrumentos de lo que entonces se conocía como The Gentle Wind Project.

niños que usaron este instrumento se consideraban "con necesidades especiales" porque tenían parálisis cerebral, severos retrasos del desarrollo, incapacidad para caminar o hablar, incapacidad para concentrarse en una tarea simple, incapacidad para beber de un vaso o alimentarse a sí mismos, irritabilidad severa o crónica, incapacidad para dormir, autismo y berrinches agresivos con ellos mismos o con los demás.

Encuesta utilizada para recopilar los cambios medibles

Se aplicó una encuesta para medir los cambios a nivel de funcionamiento del niño con necesidades especiales, sus padres y hermanos.

Descubrimientos

Niños con necesidades especiales

- Cooperación: disposición a cooperar 95% mayor.
- Menos irritabilidad: el mal humor y la irritabilidad general disminuyeron 83%
- Destrezas y habilidades: aumentaron 65%
- Arranques de ira: las rabietas disminuyeron 78%

Padres

- La habilidad para manejar con recursos internos las profundas necesidades del niño: aumentaron de una puntuación de 2 a 8.
- La aceptación de la inmensa tarea que implica un niño con necesidades especiales: subió en puntuación de 5 a 8.

Hermanos

- Simplicidad y felicidad: aumentó 90%
- Necesidad de llamar la atención: decreció 85%

Un niño de 7 años de edad dijo: "Mamá me ama de nuevo y lo sé. Antes me preguntaba si yo también era especial para ella". Los padres observaron que los hermanos parecían mucho menos estresados y agotados, con lo que llegó una sensación de bienestar que no existía antes de usar el instrumento.

Los investigadores han notado que estas estadísticas no reflejan el inmenso cambio en las vidas de estas familias. Los padres continúan hablando de los nuevos recursos internos que experimentan como consecuencia de haber utilizado el instrumento. Es absolutamente sorpresivo para los testigos la profundidad y duración de los cambios en el bienestar de una persona. La gente declara que la sensación de paz y los sentimientos de arraigo, junto con la capacidad de continuar con sus vidas con claridad, de una forma fuerte y confiada, les da esperanza.

Nota de la autora: este testimonio no indica que estos instrumentos curen cualquier reto. Se trata de una documentación verídica de los descubrimientos de esta investigación.

Comentario de una maestra

Era profesora de una clase de niños con retos severos cuando conocí a un niño de 5 años, al que llamaré Tony. Este niño usaba silla de ruedas, tenía severas y frecuentes convulsiones, había sido diagnosticado con autismo y ceguera cortical, su desarrollo era retrasado y tenía comportamientos autodestructivos. Tony estaba de mal humor todo el tiempo, lo que expresaba gruñendo, gimiendo y menándose constantemente en la silla de ruedas. No manejaba un lenguaje para expresarse.

Tony usó el instrumento, un promedio de una a dos veces por semana durante el año escolar. A final de año, las convulsiones de Tony habían disminuido en intensidad, frecuencia y duración. Podía caminar y ver y su comportamiento autodestructivo había cesado. Tony todavía sufre un retraso en su desarrollo, no usa palabras y continúa teniendo numerosas necesidades. ¡De todas formas, su calidad de vida mejoró tremendamente!

Una Invitación

A todos los que trabajan con niños. Extiendo una cordial invitación a experimentar el balance energético obtenido de estos instrumentos. Escríbeme a mi correo electrónico para obtener un ajuste energético u obtener un instrumento... Te invito a continuar explorando; así juntos podremos aprender "qué hacer con un niño que...."

Una carta testimonial

María llegó a los Estados Unidos cuando tenía 18 meses. En ese tiempo pesaba sólo un poco más de 5.8 Kg y era, en muchos sentidos, como una recién nacida. No podía gatear o darse la vuelta. Era incapaz de masticar cualquier alimento sólido porque estaba acostumbrada a un cereal líquido que le daban en una mamila que permitía una alimentación más rápida.

Comencé a hacer con ella un programa de aprendizaje basado en movimiento, llamado Gimnasia para el cerebro (Brain Gym®), cuando tenía cuatro años y medio de edad. No podía hablar o concentrarse y todo su ser era muy desorganizado. Después de aproximadamente dos meses de este aprendizaje a través de actividades consistentes en movimientos simples, fue capaz de decir algunas palabras y de concentrarse por unos minutos. Desde entonces, hemos practicado con María el aprendizaje basado en movimiento por lo menos una hora o más al día. Las actividades individuales cambian dependiendo de sus necesidades, aunque hemos mantenido, ganchos, activación nuclear y todas las actividades para concentrarse.

Cuando María estaba cerca de los cinco años, comenzó a tener varias rabietas todos los días. Había grandes patadas, gritos y golpes de mano sin razón aparente. Comencé a usar algunos de los instrumentos de Gentle Wind Proyect que Cece nos prestó. Uno lo usamos cada dos semanas; el otro, todos los días varias veces, durante tres minutos cada vez. En tres días las rabietas habían disminuido a una al día y en un mes prácticamente habían cesado. Debido a que soy científica y me cuestiono constantemente, dejé de usar la tarjeta con María, durante unos días. En un par de días comenzó a tener rabietas otra vez. Increíble. Algunos meses después obtuve otros dos instrumentos. Estos no produjeron ningún efecto notable, ni bueno ni malo en María, pero continuamos usándolos de todas formas.

A mediados de 2003 obtuve los símbolos que estamos usando actualmente.: City Block 2, Healing Puck IV, New World System 2. María usa el Healing Puck y el New World System (dos tarjetas), al menos una vez al día. Algunas veces, cuando está muy emotiva, usa las cartas una segunda vez. Toda la familia las usa, por lo menos una vez al mes, a excepción del City Block, que después de la sanación inicial, quedó colgado en la pared.

He notado un cambio muy significativo en María y en mi madre con estos instrumentos. Siempre sé cuando mi madre no los ha usado desde hace algunas semanas. Se le nota más nerviosa y menos paciente. María los usa todos los días. No sé qué pasaría si dejara de usarlos.

María todavía tiene muchas áreas de necesidades, pero mejora cada mes. Ahora puede hablar lo suficientemente bien para darse a entender por gente que no es de la familia. Puede concentrarse durante varios minutos, según la actividad. La mayor parte del tiempo juega muy bien con su hermana menor. Ocasionalmente han jugado hasta dos horas, antes de que alguna de las dos (María o Julie), se canse. María todavía se traba con algunos temas u oraciones, pero seguimos trabajando en eso y seguimos llevándola a lograr más.

María ha aprendido recientemente a ordenar las cosas. Nuestras rutinas diarias tienen un gran interés para ella. No sólo le gusta enlistar lo que hará durante el día en pequeños pasos (levantarse, vestirse, hacer la cama), sino qué también pregunta qué haré yo. María puede aprender todo si se desglosa en pequeños pasos. Hace poco comenzó a tomar lecciones de equitación. El instructor de María sabe que ella no puede procesar muchos cambios de una sola vez. Así que aumenta nuevas tareas poco a poco, en pequeños pasos. María aprendió hace poco a ensillar el caballo. Al principio sólo cargaba la almohadilla. Ahora carga la almohadilla y tira de la correa de cuero a través de la circunferencia. La semana que viene probablemente aprenderá otro pequeño paso. María está muy motivada y constantemente dice que ella quiere hacer algo por sí misma.

Estoy agradecida por la oportunidad de usar estos instrumentos en nuestra vida diaria. Las terribles rabietas y los comportamientos destructivos se han transformado en vivir con alegría todos los días.

Lori
Madre de María y Julie
(Enviado en julio de 2005)

Sección de referencia

"Una vez que adquirimos conocimiento a partir
de los libros y aprendemos a aplicar la información,
lo siguiente puede ser que vivamos en una solución."

CECILIA KOESTER, 2004

Investigación

La Fundación de Kinesiología Eductaiva Brain Gym® International es una organización sin ánimo de lucro que proporciona materiales y recursos como el directorio de instructores y consultores, la publicación *Brain Gym Journal* y datos de investigación actualizados. Una excelente cronología de la investigación está al alcance en su sitio web. Para mayor información, llama a la fundación al 800 356 2109 o visítala en www.braingym.org

Además, lo siguiente es un resumen de una investigación de la autora de este libro acerca de los efectos de leer en el aula. Conviene para demostrar a las escuelas el uso en clase de Gimnasia para el cerebro (Brain Gym®), tanto para niños con necesidades especiales como para quienes no las tienen.

Resumen de la investigación

Gimnasia para el cerebro (Brain Gym®) y sus efectos en las habilidades de lectura, por Cecilia Koester. (Antes, Cecilia K. Freeman)[67].

El propósito de este estudio fue determinar si las actividades de la Gimnasia para el cerebro (Brain Gym®) tienen efecto sobre las habilidades de lectura en estudiantes de tercero, cuarto y quinto grado, como indicaba una comparación de resultados de pruebas estándar que se realizaron de mayo de 1998 a mayo de 1999.

Se dividió a un grupo de 205 estudiantes entre Gimnasia para el cerebro (Brain Gym®) y el grupo de control. A lo largo del curso escolar, se capacitó para el grupo Gimnasia para el cerebro (Brain Gym®) a doce profesores durante una hora semanal en horas de trabajo. Este estudio se realizó en la Escuela Elemental Saticoy, en Ventura, California, EUA.

En el aula, los movimientos de Gimnasia para el cerebro (Brain Gym®) incluyeron las 26 actividades. Cada día, el profesor, y a la larga los estudiantes, seleccionaron movimientos con base en su conocimien-

[67] Cecilia Koester, M.Ed., ha creado una compañía llamada Movement Based Learning, Inc. Para obtener información de cursos y saber cómo puede calificar para enseñar Gimnasia para el cerebro (Brain Gym®) para necesidades especiales a través de Brain Gym® International, vea www.movementbasedlearning.com

to de las tres dimensiones Edu-K: enfoque, centraje y lateralidad, en su relación con capacidades específicas. Los alumnos en el grupo Gimnasia para el cerebro (Brain Gym®) practicaron los movimientos en el aula un mínimo de quince minutos al día. El grupo de control se formó con el mismo número de estudiantes que el anterior, al azar, a partir de los resultados de las pruebas y no empleó la técnica de Gimnasia para el cerebro (Brain Gym®). Los resultados de Stanford 9 indican que los alumnos en el grupo de Gimnasia para el cerebro (Brain Gym®) mejoraron los resultados de las pruebas dos veces más que aquellos en el grupo de control.

Todas las diferencias en el tercero y cuarto grado resultaron estadísticamente mayores que cero. Las del quinto grado fueron positivas, aunque no estadísticamente significativas. Esto se debe, probablemente, a que la muestra de resultados fue menor. La paridad de valores en la prueba t para los resultados de tercero y cuarto grado fue $p < 0.15$, mientras que para los de quinto grado fue $p > 0.05$.

Los estudiantes de tercer grado del grupo Gimnasia para el cerebro (Brain Gym®) mejoraron sus resultados en 14 puntos porcentuales, mientras que los del grupo de control lo hicieron en 8 puntos porcentuales. Los alumnos de quinto grado del grupo Gimnasia para el cerebro (Brain Gym®) mejoraron resultados en 5 puntos porcentuales, mientras que los del grupo de control lo hicieron en 2 puntos porcentuales. La diferencia estadística entre los resultados de las muestras es $p = .036$. En consecuencia, se da una diferencia estadística en los resultados de los estudiantes al compararse los de Gimnasia para el cerebro (Brain Gym®) con los de control.

Se completó el estudio con el uso de un grupo no equivalente de control. Se asignaron 205 alumnos más al grupo Gimnasia para el cerebro (Brain Gym®) o al de control. A lo largo de un año, doce profesores incorporaron Gimnasia para el cerebro (Brain Gym®) a su curricula escolar, por lo cual estudiantes y maestros realizaron las actividades de Gimnasia para el cerebro (Brain Gym®) durante un mínimo de quince minutos diarios. La misma muestra fue seleccionada al azar para los grupos Gimnasia para el cerebro (Brain Gym®) y de control (fue asignada a partir de resultados elegidos en forma aleatoria en una muestra igual de estudiantes que no habían usado Gimnasia para el cerebro (Brain Gym®)). Los resultados, medidos con una prueba estándar, indicaron que los niños en el grupo Gimnasia para el cerebro (Brain Gym®) mejoraron sus habilidades de lectura al doble que los del grupo de control.

Este reporte puede leerse para tomar ideas para la clase. También puede compartirse con los administradores o usarse para reproducir este estudio.

Estas sencillas pero efectivas técnicas han ayudado a mi hija a sobresalir inmensamente en clase. Su habilidad para enfocarse, concentrase y completar las tareas escolares aumenta después del ejercicio matutino PACE.

Voluntario, padre de una niña que participó en el proyecto de investigación sobre la lectura[67].

Para obtener una copia de la investigación completa vea www.movement basedlearning/books.com. Vaya a la categoría "libros" para adquirirla.

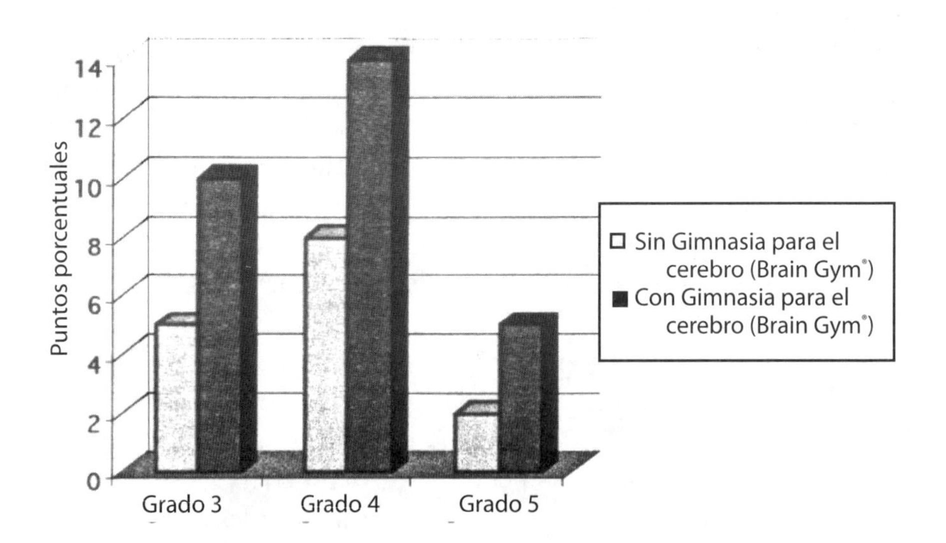

[68] Muchos padres, maestros y terapeutas han disfrutado el curso de aprendizaje con base en el movimiento y han escrito sus comentarios para su inclusión en este libro.

Una mirada detallada a Gimnasia para el cerebro (Brain Gym®)

[69] El 8 alfabético es un ejercicio de Gimnasia para el cerebro (Brain Gym®) que activa el cerebro para cruzar la línea media del proceso kinestésico-táctil para la escritura bihemisférica en el campo central. Diagrama de Kari Swanson Coady, consultora de Brain Gym®.

Una mirada panorámica al 8 alfabético de Gimnasia para el cerebro (Brain Gym®)

Observa el panorama completo del 8 alfabético viendo cada letra en su correcta ubicación dentro del 8 infinito.

La regla general:

Las letras que comienzan con una curva se mueven hacia la izquierda, y las que lo hacen con un trazo descendente se localizan al centro o se trazan hacia la derecha. El 8 alfabético adapta el 8 infinito a la escritura de las letras minúsculas de molde.

Estas letras se inician en la curva, desplazando el trazo hacia la izquierda: a, c, d, e, f, g, o, q, y s.

Estas letras se mantienen al centro: i, j, l, y t.

Estas letras comienzan al centro, desplazando el trazo hacia la derecha: b, h, k, m, n, p, r, u, v, w, x y z.

Glosario

Activación de ojos. Movimiento de los ojos en un campo específico de visión para activar el área cerebral correspondiente.

Activación nuclear. Patrón de movimiento sistemático que activa los principales reflejos posturales para mejoramiento de la integración estructural.

Amígdala. Estructura del cerebro que se localiza dentro del sistema límbico y tiene vínculos con áreas cerebrales involucradas en los procesos cognitivo y sensorial, así como las implicadas en los estados corporales en relación con las emociones. También concierne al reconocimiento de las expresiones faciales y al lenguaje corporal. Manifiesta recuerdos relacionados con el miedo y la ansiedad.

Aprendizaje basado en movimiento. En el terreno educativo y de las neurociencias, la idea aprendizaje basado en movimiento hace referencia al uso del cuerpo para activar las redes neuronales. Más que un concepto nuevo, en realidad es el fundamento de todo aprendizaje. La naturaleza nos ha dotado con la capacidad de movernos para desarrollar el cerebro. Cuando recurrimos al movimiento despertamos nuestro sistema nervioso, facilitándole al cerebro conseguir el nuevo aprendizaje. Podríamos decir que el aprendizaje con base en el movimiento es un aprendizaje lleno de energía a través del movimiento.

Aprendizaje cerebro total o con todo el cerebro. Aprendizaje que involucra toda la capacidad del alumno para acceder y almacenar memorias, experiencias y habilidades significativas y relevantes para el crecimiento óptimo y el desarrollo.

Aprendizaje dimensional transversal. Activación de las vías de comunicación al vincular las tres dimensiones del aprendizaje del cerebro total.

Bilateralidad. Habilidad para coordinar el funcionamiento unitario de ambos lados del cuerpo.

Centraje. Habilidad para organizarse sólo alrededor del corazón, para coordinar los movimientos de los miembros superiores e inferiores y equilibrar el contenido emocional con el pensamiento racional.

Cerebelo. Porción del cerebro que está unida a la parte posterior del tallo cerebral. Es vital para la realización de movimientos hábiles y complicados y funciones motoras rutinarias como caminar y mantener el equilibrio. Es el asentamiento de la comunicación entre la motricidad gruesa y fina y la corteza frontal.

Cerebral posterior. Sección cerebral con orientación hacia la supervivencia que tiene cuatro secciones principales (vea: tallo cerebral, sistema de activación reticular, sistema vestibular y cerebelo).

Cerebro dinámico. Este término se usa para describir la coherencia y la interacción entre el cerebro posterior, el mesencéfalo y la neocorteza.

Cerebro Gestalt. Hemisferio cerebral receptivo y espacialmente orientado (usualmente el derecho).

Cerebro lógico. Sección cerebral que suele relacionarse con los detalles, las divisiones, los procesos del lenguaje y los patrones lineales (usualmente el izquierdo).

Cerebro modular. Modelo conceptual para comprender que decenas de millones de redes neuronales diversas realizan sus propias funciones discretas, intercomunicándose a través del cerebro para crear un ambiente cognitivo complejo.

Coherencia. Este término se utiliza para describir ondas cerebrales cuyo funcionamiento ocurre en patrones regulares ordenados que apoyan la comprensión y el reconocimiento.

Comprobaciones rápidas. Forma sencilla de determinar cuál dimensión de la inteligencia tiene el acceso más sencillo y cuál el más difícil. Pueden determinarse con un movimiento oscilante para cada dimensión: inteligencia de la atención-adelante y atrás; inteligencia emocional-arriba y abajo; inteligencia de la información-lado a lado.

Contralateral. Ocurre o se origina en la sección correspondiente del lado contrario.

Coordinación ojo-mano. Habilidad visomotora básica para escribir, comer con utensilios, usar herramientas manuales, lanzar y cachar.

Convulsión. Repentino y corto ataque consecuencia de una descarga eléctrica anormal en el cerebro.

Corteza motora. Parte frontal del cerebro, controladora del movimiento.

Corteza sensorial. Tiras de columnas dentro de la corteza cerebral en donde se procesan las sensaciones físicas del cuerpo.

Cuerpo calloso. Banda gruesa de células nerviosas y tejidos conectivos que une los hemisferios cerebrales izquierdo y derecho. La comunicación neuronal viaja entre los dos hemisferios a través del cuerpo calloso.

Déficits perceptivos. Ausencia o malfuncionamiento de la capacidad para experimentar o interpretar las sensaciones físicas.

Dimensiones. Vías de comunicación entre diversas áreas del cerebro y el sistema postural: enfoque (adelante-atrás); centraje (arriba-abajo), y lateralidad (izquierda-derecha), junto con sus funciones. Colectivamente se les conoce como las tres dimensiones del aprendizaje del cerebro total.

Dislexia. En la jerga médica, incorporación para designar la aparente incapacidad para leer o decodificar los símbolos impresos, a consecuencia de la inhibición de los centros receptivos del cerebro. En general, puede denominarse dislexia a cualquier incapacidad para aprender cuyos resultados son confusión y patrones de movimiento compensatorio.

Dominancia. Uso reforzado de un hemisferio cerebral e inhibición del otro para cuestiones como la preferencia de mano, ojo u oído.

Enfoque. Habilidad para concentrase en una parte de la propia experiencia, distinguiéndola de otras a través de la conciencia de sus similitudes y diferencias.

Enfoque compensatorio. Enfoque anticuado de la educación para las dificultades del aprendizaje, el cual hace énfasis en que los niños deben aceptar su situación y aprender a ajustarse a ella maximizando fuerzas y compensando debilidades.

Espasmos. Contracciones musculares involuntarias.

Ganglio basal. Estructura cerebral que se localiza en el sistema límbico y conecta e instrumenta los impulsos entre el cerebelo y los lóbulos frontales, ayudando así a controlar los movimientos corporales. Es fundamental para nuestros patrones de movimiento voluntarios con base en el pensamiento, y también es la mayor vía de escape hacia el razonamiento cortical superior y su llave para la acción intencional consciente.

Gimnasia para el cerebro (Brain Gym®). Series de movimientos específicamente concebidos, los cuales activan el cerebro y el cuerpo para las capacidades particulares del aprendizaje.

Giro cingulado. Estructura del cerebro que se localiza justo enfrente del cuerpo calloso en el área media a ambos lados del cerebro, inmediatamente por debajo del área motora suplementaria. La actividad en esta región se relaciona con el discurso emocional. Esta parte del cerebro nos permite desplazar nuestra atención de un pensamiento a otro y entre comportamientos.

Golpeteo craneal. Actividad cuyo objetivo es el estímulo de los nervios entre la piel y el hueso. Pretende aumentar la capacidad para ordenar el sistema mente-cuerpo al promover un sentido de ritmo, tiempo y circulación. Despierta y relaja al nervio trigémino.

Habituación. Familiaridad gradual del cerebro con un nuevo estímulo.

Hipertonía. Aumento en la tensión y espasmo de los músculos esqueléticos, indicadores de posible desorden nervioso. Su contraparte, la hipotonía, describe la disminución de la tonicidad en los músculos esqueléticos.

Hipocampo. Estructura del cerebro que está en el sistema límbico y utiliza la información sensorial para generar memoria a corto plazo. Al activarse la red nerviosa del hipocampo, la memoria a corto plazo puede entrar almacenarse permanentemente a través del cerebro como memoria a largo plazo.

Hipotálamo. Estructura del cerebro en el sistema límbico que controla la temperatura corporal normal, la ingestión de alimentos, la sed y los estados de vigilia y sueño.

Integración. Lograr un todo armónico. Proceso de realización del potencial propio. Activación plena de todo el cerebro.

Intención. Propósito guía de la acción.

Intención del lenguaje. Facultad de ciertas palabras o frases para evocar una respuesta inconsciente defensiva o emocional relacionada con una experiencia del pasado.

Kinesiología educativa (Edu-K). Proceso para manifestar habilidades de aprendizaje innatas a través de la comprensión del movimiento y su relación con los patrones de aprendizaje del cerebro total. Usa la kinestesia (movimiento) para promover la integración del cerebro total con el propósito de aliviar el estrés y maximizar el potencial de aprendizaje.

Línea media de estabilización. Línea media que implica en el cerebro al movimiento arriba-abajo. Se "dibuja" horizontal, justo por debajo del ombligo (línea del cinturón), y divide al cuerpo en la parte de arriba y la de abajo.

Línea media de participación. Línea media cerebral que accede al movimiento atrás-adelante. Cuando se "dibuja" sobre el cuerpo cruza por el área que lo dividiría en las secciones anterior y posterior del cuerpo.

Línea media de procesamiento. Línea media que ayuda en el cerebro al movimiento de lado a lado. Se "dibuja" vertical, y divide al cuerpo en los lados izquierdo y derecho.

Líquido cerebroespinal (LCE). Regulador de la presión en el cerebro y la columna espinal y portador de nutrientes y toxinas lejos del cerebro.

Lóbulos. Subdivisiones de la corteza cerebral, en relación con su función primaria respectiva; esto es, lóbulo occipital-área visual primaria; lóbulo temporal-área sensorial primaria para la memoria auditiva y vestibular; lóbulo parietal-recibe la información sensorial, y lóbulo frontal-planificación y función motora, concentración y comportamiento afectivo.

Marcha cruzada. Además de la marcha cruzada de Edu-k, este término más genérico describe cualquier movimiento contralateral en donde un lado del cuerpo se mueve en coordinación con el otro lado, requiriendo una activación cerebral bihemisférica.

Marcha unilateral (homolateral). Cualquier movimiento unilateral en el que sólo se mueve un lado del cuerpo, estimulando el flujo neuronal en un lado del complejo cerebro-cuerpo y luego en el otro. Este movimiento es precursor del patrón de desplazamiento lateral (arrastre lateral) al aumentar el nivel de conciencia sobre los dos lados del cuerpo.

Mesencéfalo. Región del cerebro reguladora de la temperatura corporal, la presión sanguínea y la selección en la memoria a largo plazo. Dar sentido a las relaciones, procesar emociones, y la memoria crítica y el aprendizaje son funciones que se generan en el mesencéfalo.

Mielinización. Recubrimiento de los nervios con una sustancia blanca y grasa, la mielina.

Neocorteza. Región cerebral responsable de nuestra habilidad para razonar y reunir ideas. El alto nivel creativo y el pensamiento conceptual, racional e intelectual se desarrollan en la neocorteza. Es el "supervisor" que controla secciones más profundas del cerebro en donde se albergan los instintos y las emociones primitivas. Está formado por dos mitades o hemisferios, izquierdo y derecho, unidos por una gruesa banda de células nerviosas y tejido conectivo. Esta sección del cerebro, a la cual se conoce también como lóbulo frontal, es en donde se toman las verdaderas decisiones para la vida y es la clave para la respuesta del cerebro total.

Nervio trigémino. Uno de los nervios craneales que emergen del cráneo por el sien, un orificio justo atrás de la ceja, debajo de la coronilla del cráneo y arriba del hueso de la mejilla.

Objetivo. Objeto hacia el cual se dirige un esfuerzo.

Organización cerebral. Proceso mediante el cual todo el cerebro incluidos la neocorteza, el mesencéfalo y la sección cerebral posterior se reorganiza continuamente.

Patrón de movimiento homólogo. Flexión o extensión simultánea de ambos brazos y/o ambas piernas a la vez.

Percepción sensorial. Experimentar el propio ambiente a través de la sensación física.

Percibir. Prestar atención al propio estado de bienestar; observar.

Plano axial (plano transversal). En los libros de anatomía y fisiología humana, este plano horizontal divide al cuerpo y sus partes en las secciones superior e inferior (arriba-abajo).

Plano coronal (plano frontal). En los libros de anatomía y fisiología humana, este plano vertical va de lado a lado. Divide al cuerpo y sus partes en secciones anteriores y posteriores (delante-atrás).

Plano sagital (plano lateral). En los libros de anatomía y fisiología humana, este plano vertical va de la parte delantera a la trasera y divide al cuerpo y sus partes en lado derecho e izquierdo (lado-lado).

Plasticidad. Hace referencia al hecho recientemente descubierto (década de 1990) donde el cerebro responde a la experiencia con la creación, a lo largo de nuestra vida, de nuevas conexiones y una nueva funcionalidad.

Propiocepción muscular. Sistema de retroalimentación entre los músculos y el cerebro, regulador de la tonicidad muscular. Proporciona la información necesaria para determinar la ubicación en el espacio.

Radiación desde el ombligo. Patrón de movimiento sistemático que establece las bases para todos los patrones de movimiento futuros. Proporciona el fundamento para la diferenciación y la conexión y es precursor del movimiento.

Realimentación o retroalimentación. Capacidad de la memoria a corto plazo que nos permite escuchar nuestra propia voz repitiendo algo pensado, leído o escuchado.

Recorrido espinal (columna). Actividad que fortalece la columna en todas direcciones y proporciona al niño una experiencia kinestésica de su eje vertical y su relación con ambos lados, así como con la parte delantera y la trasera del cuerpo. Al crear una base para la exploración del espacio interno y externo del cuerpo, el recorrido espinal también ayuda al desarrollo de la atención interior y exterior.

Reeducación motora. Proceso diseñado para integrar músculos posturales específicos y vías neuronales.

Reflejo. Respuesta involuntaria a los estímulos.

Reflejos espinales (columna). Movimientos corporales dirigidos por la columna vertebral sin participación del cerebro.

Sistema de activación reticular (SAR). Se localiza en la parte superior del tallo cerebral. Abre la mente a todas las señales entrantes y filtra la información innecesaria. También actúa como un interruptor de palanca que abre y cierra el acceso a un razonamiento superior cortical (vea sistema vestibular). El funcionamiento del SAR y del sistema vestibular es, por ende, esencial para la conciencia y el aprendizaje.

Sistema límbico. Zona del cerebro que se vincula con la neocorteza permitiendo el proceso emotivo-cognitivo. Las emociones que se generan en esta zona determinan la liberación de neurotransmisores fortalecedores o debilitadores del sistema inmunológico. El sistema límbico consta de seis estructuras principales: tálamo, hipotálamo, ganglio basal, amígdala, hipocampo y giro cingulado. La compleja red de contactos del sistema límbico demuestra que para aprender y recordar algo debe haber una referencia sensorial, una conexión emocional personal y movimiento.

Sistema nervioso autónomo (SNA). Sección del sistema nervioso central que no está bajo control voluntario.

Sistema nervioso parasimpático. Parte del sistema nervioso autónomo.

Sistema nervioso simpático. Parte del sistema nervioso autónomo que suele operar sin control consciente y regula las actividades de los músculos lisos, los músculos cardiacos y ciertas glándulas.

Sistema vestibular. Grupo de células que resulta fundamental para la mayoría del movimiento. Se desarrolla desde alrededor de los tres meses en el útero. Los canales semicirculares que potencian el sistema vestibular se conectan con cada músculo del cuerpo y lo activan (vea sistema de activación reticular).

Tálamo. Estructura del cerebro en el sistema límbico que actúa como una estación trasmisora para todos los sentidos entrantes, a excepción del olfato.

Tallo o tronco cerebral. Responsable del soporte básico para la vida. Contiene los centros de control de los sistemas digestivo, respiratorio y circulatorio.

Unilateral (homolateral). Elección involuntaria para acceder en cualquier momento a sólo un hemisferio cerebral, a consecuencia del estrés o la falta de integración.

Visualización. El término se utiliza aquí con su significado en la optometría comportamental, es decir, como la suma total de la información extraída de todas las modalidades sensoriales.

8 pélvico. Patrón específico de movimiento que usa las piernas para marcar la figura de un 8 (o infinio) en las caderas y la región sacra del cuerpo. Esta actividad estimula los músculos centrales de la mitad inferior del cuerpo.

Bibliografía y lecturas sugeridas

Aamodt, Sandra y Sam Wang. *Welcome to your Child's Brain. How the Mind Grows from Conception to College*. Nueva York, NY, 2011.

Amen, Daniel G. *Change Your Brain, Change Your Life*. Nueva York, NY: Random House, 1999.

Ballinger, Erich. *The Learning Gym*. Ventura, CA: Edu-Khinesthetics, Inc., 1992.

Bailey, Becky. *Easy to Love, Difficult to Discipline: The 7 Basic Skills for Turning Conflict into Cooperation*. Nueva York, NY: HarperCollins Publishers, Inc., 2000.

Blomberg, Harald. *Rhythmic Movement Training*. Internacional, 2008, 2006.

Brain Gym International. *Brain Gym Journal*, vol. X, núm. 3. Ventura, CA: Educational Kinesiology Foundation, 1996.

Bloom, Floyd, Flynt Beal y David J. Kupfer. *The Dana Guide to Brain Health*. Nueva York, NY: The Charles A. Dana Foundation, 2003.

Brewer, Chris y Don G. Campbell. Rhythms of Learning. Tucson, AZ: Zephyr, 1991.

Caine, Renate Nummela y Geofrey Caine. *Making Connections: Teaching and the Human Brain*. Nashville, TN: Incentive Publications, 1990.

Calvin, William H. y George A. Ojemann. *Conversation With Neil's Brain: The Neural Nature of Thoughts and Languaje*. Nueva York, NY: Perseus Books Publishers, 1994.

Carter, Rita. *Mopping the Mind*. California: University of California Press, 1999.

Cohen, Bonnie Bainbridge. *Sensing, Feeling and Action: The Experimental Anatomy of Body-Mind Centering*. Northhampton, MA: Contact Editions, 1993.

Cohen, Isabel y Marcelle Goldsmith. *Hands On: How to Use Brain Gym® In The Classroom*. Ventura, CA: Edu-Kinesthetics, Inc., 2000.

Dennison, Paul E. y Gail Dennison. *Personalized Whole Brain Integration (The Basic II Manual on Educational Kinesiology)*. Ventura, CA: Edu-Kinesthetics, Inc., 1985.

Dennison, Gail E. y Paul Dennison. *Brain Gym®*. Ventura, CA: Edu-Kinesthetics, Inc., 1986.

Dennison, Gail E. y Paul Dennison. *Brain Gym® Teacher's Edition (Revised)*. Ventura, CA: Edu-Kinesthetics, Inc., 1994.

Dennison, Paul y Gail Dennison. *Edu-Kinesthetics In-Depth: A Manual for Educational Kinesiology In-Depth Course*. Ventura, CA: Edu-Kinesthetics, Inc., 1995, 1984.

Dennison, Gail E. y Paul E. Dennison. *Personalized Whole Brain Integration*. Ventura, CA: Edu-Kinesthetics, Inc., 1985.

Dennison, Gail E. y Paul E. Dennison. *The Vision circles Workshop*. Ventura, CA: Edu-Kinesthetics, Inc., 1986.

Dennison, Paul E. *Optimal Learning States*. Reimpresión de Brain Gym® Journal, vol. IV, núm.2. Ventura, CA: Educational Kinesiology Foundation, 1990.

Dispenza, Joe. *Evolve your Brain: The Science of Changing Your Mind*. Deerfield Beach, Fl, Health Communications, 2007.

Doman, Glenn. *What To Do About Your Brain-Injured Child*. Garden City Park, NY: Avery Publishing Group, 1994.

Educational Kinesiology Foundation. *Brain Gym® Journa*l. Ventura, CA.

Elliot, Lise. *What's Going On There?* Nueva York, NY: Bantam Books, 2000.

Erickson, Carol Ann. *Exploration Movement: A Manual for Educational Kinesiology Exploration of Movement Course*. Autoeditado por Erickson, 1987

Freeman, Cecilia (vea Koester).

Gazzaniga, Michael S. *The Ethical Brain: The Science of Our Moral Dilemnas*. Nueva York, NY: Harper Collins Publishers, 2006.

Goddard, Sally. *A Teacher's Window Into The Child's Mind*. Eugene, OR: Fern Ridge Press, 1996.

Goddard, Sally. Reflexes, *Learning, and Behavior: A Window Into the Child's Mind*. Eugene, OR: Fern Ridge Press, 2002. (Reimpresión con texto adicional.)

Goldberg, Elkhonon. *The Executive Brain*. Oxford, Reino Unido: Oxford University Press, 2001.

González-Wallace, Michael. *Super Body, Super Brain: Sharpen Your Mind, Sculpt Your Body*. Nueva York, NY: 2011.

Hackney, Peggy. *Making Connections: Total Body Integration Through Bartenieff Fundamentals*. Nueva York, NY: Routledge, 2002, 1998

Hannaford, Carla. *Playing in the Unified Field: Raising and Becoming Conscious, Creative Human Beings*. Salt Lake City, UT: Great River Books, 2010.

Hannaford, Carla. *Smart Moves: Why Learning Is Not All In Your Head*. Salt Lake City, UT: Great River Books, 2005, 1995.

Hannaford, Carla. *Awakening the Child Heart-Handbook for Global Parenting*. Captain Cook, Hawai: Jamillla Nur Publishing, 2002.

Hawkings, David. *Power vs. Force: The Hidden Determitants of Human Behavior*. Carlsbad, CA: Hay House, Inc., 2002, 1998, 1995.

Heiberger, Wilson, Debra M. Heiberger y Margot C. Heiniger White. *S'cool Moves for Learning*. Shasta, CA: Integrated Leraning Press, 2004.

Hinsley, Sandra "Sam". *Brain Gym® Surfer*. Stuart, Fl: Hinsley & Conley, 1989.

Hornbeak, Denise C. *The SuperConfitelligent Child: Loving to Learn Through Movement & Play*. Cardiff-by-the-Sea, CA: PEAK Publishers, 2007.

Hubert, Bill. *Bal-A-Vis-X: Rhythmic Balanace/Auditory/Vision eXercises for Brain and Brain-Body Integration*. Wichita, KS: Bal-A-Vis-X, Inc., 2007.

Hubert, Bill. *Bal-A-Vis-X DVD Series*. Wichita, KS: Bal-A-Vis-X, Inc., 2007.

Hubert, Bill. *Bal-A-Vis-X: Resonances: Elise and Other Stories*. Wichita, KS: Bal-A-Vis-X, Inc., 2007.

Investigación en internet. *Anatomy Trains Myofascial Meridians-A Revolution in Soft-Tissue Patterning*. Este sitio web proporciona información que vincula a los músculos individuales dentro de complejos funcionales. Anatomy Trains (entrenamiento anatómico) lleva a nuevas estrategias holísticas para los profesionales de la salud, los profesores de movimiento y los atletas para realizar posturas complejas y patrones de movimiento. Anatomy Trains Myofascial Meridians proporciona una nueva comprensión del sistema de patrones en todo el cuerpo para su postura y funcionamiento –la interacción entre movimiento y equilibrio. Este sitio web es una investigación activa dentro del significado de forma y aspecto– cómo hacemos patrones, y los límites del cambio y el desarrollo ante la nueva "información". http://www.anatomytrains.com. Marzo 2012.

Investigación en internet. *The International Journal of Applied Kinesiology*. Santa Bárbara, CA: Castello Publishing. http://www.kinmed.com/articles.html. Marzo 2012.

Investigación en internet. *Introduction to the human Body*. http://training.seer.cancer.gov/anatomy/body/. Marzo 2012.

Investigación en internet. *The Brain as Modeller AND Story Teller: Evidence for the Creative Bipartite Brain*. http://serendip.brynmawr.edu/reflections/brained/22jan04/. Marzo 2012.

Investigación en internet. *Education as Applied Neurobiology*. http://serendip.brynmawr.edu/reflections/brained/16march05/. Marzo 2012.

Investigación en internet. Hurdal, Monica K. *Modelling the Brain*. http://www.math.fsu.edu/~mhurdal/. Marzo 2012.

Investigación en internet. *Neurolinguistic Programming*. http://www.holistic-online.com/hol_neurolinguistic.htm. Marzo 2012.

Investigación en internet. *Rhythmic Movement Training International*. Esta organización internacional de entrenamiento proporciona pósteres, carteles, libros y cursos para mejorar el aprendizaje del ritmo y el movimiento en relación con el desarrollo. http://www.rhythmicmovement.com/. Marzo 2012.

Investigación en internet. *Vision for Life Program*. Sorensen, Orlin. http://www.rebuildyourvision.com/. Marzo 2012.

Investigación en internet. Bates, William. *Bates Method for Better Eyesight Without Glasses*. http://library.thonkquest.org/28030/bates.htm. Marzo 2012.

Investigación en internet. *María Montessori*. http://www.webster.edu/~woolfilm/montessori.html. Marzo 2012.

Investigación en internet. *Scientific American Mind*. Excelente fuente con artículos acerca del comportamiento, la ciencia del cerebro y el pensamiento. http://www.scientificamerican.com/sciamind/. Marzo 2012.

Investigación en internet. Sylwester, Robert. *An Intriguing New Perspective of Our Brain's Organization*. http://brainconnection.positscience.com/content7162_1. Marzo 2012.

Jensen, Eric. *Teaching With the Brain in Mind*. Alexandria, Va: Association for Supervision and Curriculum Development (ASCD), 1998.

Koester, Cecilia (Freeman) y Gail E. Dennison. *I Am the Child: Using Brain Gym® With the Children Who Have Special Needs*. Reno, NV: Movement Based Learning, Inc., 2010, 1998.

Koester, Cecilia (Freeman). *Brain Gym® and It's Effects on Reading Abilities*. Ventura, CA: Autoeditado, 2000.

Koester, Cecilia (Freeman). *Interfacing Brain Gym® With Children Who Have Special Needs*. Kailua-Kona, Hawai: Autoeditado, 2004.

Kotulak, Ronald. Inside the Brain: *Revolutionary Discoveries of How the Mind Works*. Nueva York, NY: McMeel Publishing. 1997.

Kranowitz, Carol Stock y Larry B. Silver. *The Out-of-Sync Child*. Nueva York, NY: The Berkley Publishing Group, 1998.

MacLean, Paul. *The Triune Brain in Evolution*. Internet. Vea Plenunm Press, 1990.

Masgutova, Svetlana. *Integration of Dynamic and Postural Reflexes Into Whole Body Movement System*. Moscú, Rusia: 1998.

McManus, Chris. *Right Hand, Left Hand: The Origins of Asymmetry in Brains, Bodies, Atoms and Cultures*. Cambridge, MA: Harvard University Press, 2002.

Miller, Mary. *It's All About Relationships*. Kittery, ME: The Gentle Wind Project, 2003.

Myles, Cook, Miller, Rinner y Robbins. *Asperger Syndrome ans Sensory Issues: Practical Solutions for Making Sense of the World*. Shawnee Mission, KS: Autism Asperger Publishing, 2005, 2000.

Panksepp, J., et al. *ADHD Deficits and the Effect of Play*. “Brain and Cognition Journal”, vol. 52 (1), 2003.

Pearce, Joseph Chilton. *The Biology of Transcendence: A Blueprint of the Human Spirit*. South Paris, ME: Park Street Press, 2002.

Pearce, Joseph Chilton. *Evolutions End: Claiming the Potential of Our Intelligence*. Nueva York, NY: Harper Collins, 1993.

Pearce, Joseph Chilton. *Magical Child Matures*. Nueva York, NY: E.P. Dutton, 1985.

Pearce, Joseph Chilton. *Magical Child*. Nueva York, NY: Bantam, 1997.

Promislow, Sharon. *Making the Brain Body Connection*. Vancouver Oeste, B.C., Canadá: Kinetic Publishing Corporation, 1998.

Randolf, Shirley y Margot Heiniger. *Kids Learn from Inside Out*. Boise, ID: Legendary Publishing, 1994.

Robbins, Jim. *A Symphony in the Brain: The Evolution of the New Brain Wave Biofeedback*. Atlantic Monthly Press Publishers, 2000.

Samuelson, Gary. *The Science of Healing Reveales. New Insights into Redox Signaling*. Salt Lake City, Utah: University of Utah, 2009.

Sapolsky, Robert. *Taming Stress*, en "Scientific American", septiembre 2003.

Sumar, Sonia. *Yoga for the Special Child*. Buckingham, VA: Special Yoga Publications, 1998

Thie, John. *Touch for Health: A Practical Guide to Natural Health Using Acupressure Touch and Massage*. Marina del Rey, CA: DeVopss & Company, 1973. Revisado, 1996.

Tiller, William, et al. *Conscious Acts of Creation: The Emergence of a New Physics*. Walnut Creek, CA: Pavior Publishing, 2003.

Van Praag, Henriette. *Neural Consequences of Environmental Enrichment*, en "Nature Reviews Neuroscience", vol. 1, diciembre 2000.

Wells, Katherine. Kinesiology: *The Scientific Basis of Human Motion*. Filadelfia, PA: W.B. Saunders Co., 1976.

Wennekes, Renate y Susanne Degendorfer. *The Lazy 8: A Key to Cerebral Function*, en "Brain Gym® Journal Reprint", vol. X, núm. 3. Ventura, CA: Educational Kinesiology Foundation, 1996.

Se recomienda el siguiente CD para evaluación motora gruesa: Austin, Julie. *Fandagumbo*, 2001. http://www,julieaustin.com/. Marzo 2012.

Acerca de la autora

Cecilia Koester, M.Ed., ha sido maestra de niños con necesidades especiales tanto en escuelas públicas como en privadas y en práctica privada desde 1979. Su carrera se ha desarrollado ofreciendo a los padres, maestros y terapeutas herramientas específicas para ayudar a niños con todas las habilidades a alcanzar su máximo potencial. Cecilia es autora, junto con Gail Dennison, de un libro llamado *I Am the Child: Using Brain Gym with Children Who Have Special Needs* publicado en inglés y en alemán, y en español, en esta editorial, con el título *Cómo integrar a niños con necesidades especiales al salón de clases con Gimnacia para el cerebro*. En este libro, una madre agradecido de uno de los estudiantes de Cecilia escribió:

Cecilia Koester es una experimentada maestra que cree en el acercamiento multisensorial para enseñar, y está de acuerdo con las bien conocidas estadísticas que dicen que, como seres humanos, retenemos:

10% de lo que leemos
26% de lo que oímos
30% de lo que vemos
50% de lo que vemos y oímos
70% de lo que decimos
90% de lo que decimos y hacemos.

"Gracias al sensible uso de Cecilia de las herramientas educativas de vanguardia, como Gimnasia para el cerebro (Brain Gym®), su comprensión de las necesidades especiales de Aron (su hijo) y sus excelentes habilidades de comunicación, Aron está haciendo cosas que la gente pensaba que nunca haría. Creo que ahora tiene la oportunidad de alcanzar todo su potencial. No exagero cuando digo que esta dedicada maestra ha cambiado nuestras vidas de la forma más positiva posible. Nos ha dado esperanza".

Sí, Cecilia es una maestra inspiradora que se presenta a sí misma y su material con integridad y claridad.

Cecilia ha escrito numerosos artículos en periódicos y revistas en línea. En 2000 publicó una investigación original sobre la relación entre los logros en la lectura y el aprendizaje basado en movimiento. Cecilia también desarrolló un curso para Brain Gym©International Foundation y escribió un manual para la misma organización y ahora entrena gente para impartir este curso. Sus artículos y libros, así como su material didáctico complementario, están disponible para consultarse o comprarse en su sitio web.

El trabajo de Cecilia con niños con necesidades especiales ha inspirado la creación de una empresa llamada Movement Based Learning Inc. A través de esta compañía Cecilia imparte talleres/presentaciones y da consultas privadas. Además, enseña Gimnasia para el cerebro (Brain Gym®) a los que dan apoyo a personas con necesidades especiales a través de Brain Gym® International Foundation y enseña a otros a dar este curso. Visita su sitio web para aprender más sobre sus artículos, investigaciones, productos, *webcasts* y calendarios: www.movementbasedlearning.com.

Fuera de su lugar de trabajo, la pasión más grande de Cecilia es compartir la tecnología creada y estudiada por una pequeña empresa en el noreste de Estados Unidos. Ella compartirá sus instrumentos contigo en cualquier momento y te dejará determinar por ti mismo su efecto en tu bienestar. Estos instrumentos han cambiado su vida en la forma más positiva imaginable. Ella te invita a contactarla sobre esta tecnología.

Esta obra se terminó de imprimir
en noviembre de 2013, en los Talleres de

IREMA, S.A. de C.V.
Oculistas No. 43, Col. Sifón
09400, Iztapalapa, D.F.